EL ARTE DE VIVIR CON LA

LUNA

Moonology

o cómo trabajar con la magia
de los ciclos lunares

Título original: Moonology
Traducido del inglés por Julia Fernández Treviño
Diseño de portada: Editorial Sirio, S.A.
Maquetación de interior: Toñi F. Castellón

©   de la edición original
     2016, Yasmin Boland

     Publicado inicialmente en 2016 por Hay House UK Ltd.

     Puede sintonizar a Hay House en www.hayhouseradio.com

©   de la presente edición
     EDITORIAL SIRIO, S.A.
     C/ Rosa de los Vientos, 64
     Pol. Ind. El Viso
     29006-Málaga
     España

www.editorialsirio.com
sirio@editorialsirio.com

I.S.B.N.: 978-84-18000-31-7
Depósito Legal: MA-246-2020

Impreso en Imagraf Impresores, S. A.
c/ Nabucco, 14 D - Pol. Alameda
29006 - Málaga

Impreso en España

Puedes seguirnos en Facebook, Twitter, YouTube e Instagram.

Yasmin Boland

El arte de vivir con la

L U N A

o cómo trabajar con la magia
de los ciclos lunares

EDITORIAL
SIRIO

Para Oliver y Louis:
¡Os amo hasta la luna y más allá!

Índice

El secreto para que algo funcione en tu vida es, ante todo, el profundo deseo de hacerlo funcionar; luego la fe y la certeza de que puede funcionar, y finalmente conservar esa visión clara y firme en tu conciencia, y observarla desarrollarse paso a paso sin dedicarle ni un solo pensamiento dubitativo ni escéptico.

Eileen Caddy,
fundadora de Findhorn*

---

* N. de la T.: Findhorn es una comunidad espiritual, ecoaldea y centro holístico internacional situada en la localidad de Forres, al noreste de Escocia. Tiene aproximadamente seiscientos habitantes y cuenta con viviendas de construcción ecológica, tratamiento de aguas y generación de energía a partir de biomasa, paneles solares y turbinas eólicas.

Introducción

La luna es el templo más antiguo de la Tierra y posee
la potencia de innumerables plegarias desde el
origen de los tiempos..., una campana cuyo tañido
te lleva al campo de la Madre, donde el alma y el
cuerpo pueden beber con toda tranquilidad.

Dana Gerhardt, *Mooncircles*

¿Me creerías si te dijera que puedes utilizar la luna como un temporizador cósmico extraordinariamente simple para ayudarte a crear la vida de tus sueños?

Bien, así es en verdad. ¿Cómo lo sé? Porque ha funcionado para mí y también para cientos, o incluso miles, de mis lectores durante la última década y media, en la que he estado escribiendo sobre cómo manifestar tus deseos[*] con la luna en mi página web, www.moonology.com. Y cuando leas y empieces a utilizar las prácticas y la información ofrecidas en este libro, también funcionarán para ti. Trabajando con la energía de la luna puedes llegar a desarrollar un asombroso poder de manifestación.

---

[*] «Manifestar» se utiliza en este contexto en el sentido de hacer realidad, de traer al mundo material aquello que imaginamos y visualizamos. Según este planteamiento, todos nos estamos manifestando constantemente. Nuestros pensamientos y acciones crean un flujo de energía que da forma a nuestras vidas.

Si quieres utilizar la luna como una herramienta para crear la vida que deseas, simplemente necesitas conocer los ciclos lunares y comprender los principios básicos para manifestar tus deseos. Este libro te enseñará a hacer ambas cosas.

Si ya te has adentrado en el tema, pero hasta el momento gran parte de tus deseos no han llegado a materializarse, la información incluida aquí puede ser el vínculo que te falta para conseguirlo. La lectura de este libro te permitirá aprender a trabajar con las energías de la luna para que tus deseos y tus sueños tengan más peso.

> Manifestar teniendo en cuenta los ciclos de la luna
> y utilizándolos como un temporizador cósmico
> potencia en gran medida nuestras oportunidades de
> convertirnos en creadores conscientes consumados
> que manifiestan deliberadamente sus deseos.

No necesitas ser astrólogo para conseguirlo. De hecho, ni siquiera necesitas creer en la astrología. Tampoco debes tener conocimientos de matemáticas ni de astronomía. Es realmente muy sencillo trabajar con la luna sin saber demasiado sobre los cómos y los porqués. La luna está ahí cada noche para que nosotros la contemplemos.

Estamos conectados con ella y ella está conectada con nuestro planeta. Eso es todo lo que necesitas saber como punto de partida.

El secreto es pronunciar deseos y establecer intenciones en sintonía con los ciclos lunares. Durante años he recibido cientos de correos electrónicos de personas que me comunicaban el éxito obtenido al manifestar sus objetivos, gracias a la práctica regular de manifestar los deseos durante la luna nueva. Y lo que espero transmitirte con este libro es precisamente ese éxito.

Aprenderás cómo y por qué funcionan los deseos de la luna nueva (¡y efectivamente funcionan!) y de qué manera la luna llena encaja en el proceso y colabora con él. (En realidad, el trabajo personal que realizas durante la fase de la luna llena es muy útil para que puedas expresar tus sueños en la fase de la luna nueva, dos semanas más tarde).

También aprenderás cómo puedes aprovechar al máximo la luna llena y la luna nueva, dependiendo de en qué signo zodiacal se encuentren. Y descubrirás cómo deducir a qué parte de tu carta astrológica están afectando tanto la luna nueva como la luna llena. Puedes emplear esta información más tarde para predecir lo que puedes esperar en las próximas semanas.

CÓMO FUNCIONA ESTE LIBRO

He organizado el libro en cuatro partes.

La primera parte es una introducción para conectarse con la luna. Incluye una visión general de sus ocho fases principales. Comprender estas fases, cada una de las cuales tiene un ritmo determinado, y lo esencial que hay que hacer en cada una de ellas, será una verdadera bendición para tu vida. Una vez que aprendas a bailar al ritmo de la luna, observarás que la vida fluye más fácilmente: será como si hubieras descifrado un código secreto.

La segunda parte trata de la luna nueva y de cómo *pedir* durante esta fase: de qué manera hay que hacerlo para que se cumplan nuestros deseos y por qué funciona. ¡En esta sección te enseño por qué deberías realizar esta práctica cada cuatro semanas durante el resto de tu vida!

Esta parte implica también conocer en qué signo del Zodíaco se encuentra la luna nueva. Con esta información, puedes empezar a trabajar con los temas y las energías de cada lunación.* Es un proceso muy potente, y no necesitas conocer la astrología para embarcarte en él.

Además, en la sección dedicada a la luna nueva te guiaré para que descubras rápida y fácilmente en qué lugar de *tu carta astrológica*

---

* Tiempo que tarda la luna en pasar de una conjunción con el sol a la siguiente, y que equivale a 29 días y 12 h.

personal se encuentra la luna nueva cada mes. Todos los meses la luna nueva activa una parte de tu carta astrológica llamada casa y te mostraré qué es lo que puedes esperar como resultado de esa situación.

También aprenderás a utilizar la luna nueva para mejorar tu vida conectándote con los arcángeles y las diosas, cómo potenciar tus chakras y mucho más. La idea es que puedas crear, organizar y predecir tu vida utilizando la luna nueva como un temporizador.

La tercera parte se centra en la luna llena. Además de ser hermosa y de proyectar sobre nosotros sus rayos numinosos,* la luna llena representa las emociones intensificadas, los tira y afloja en nuestra vida, los puntos álgidos y la oportunidad de liberarnos de la negatividad. En esta sección te mostraré cuál es la mejor forma de utilizar la energía mensual de la luna llena a medida que pasa por cada uno de los signos del Zodíaco. También nos ocuparemos del poder del perdón y la gratitud en la fase de la luna llena y de la influencia positiva que tienen ambos sobre los deseos formulados en luna nueva.

Por otra parte, aprenderás cómo se puede utilizar el signo de la luna llena para respaldar los esfuerzos que realizas para vivir conscientemente y en sintonía con el Universo. También te enseñaré a calcular en qué parte de tu propia carta astrológica se encuentra la luna llena en cada uno de los meses y el significado que tiene para ti.

La cuarta parte se ocupa de la luna diaria. Si llegas a convertirte en un fiel seguidor de la luna, saber en qué momento exacto se encuentra en un día concreto será un dato imprescindible. Esta sección te ayudará a comprender lo que la luna diaria significa para ti. Empezarás a asimilar la importancia de la energía de cada luna diaria y aprenderás a utilizarla.

A lo largo del camino también te enseñaré algo sobre los eclipses, que se producen con arreglo a la luna llena y la luna nueva, y

---

* N. de la T.: Perteneciente o relativo al numen como manifestación de poderes divinos.

con otros elementos llamados nodos lunares. Un eclipse que ejerce una fuerte influencia sobre tu carta astrológica puede representar un cambio de vida (créeme, lo he experimentado personalmente). También aprenderás a crear una agenda de la luna de doce meses, para poder trabajar contigo mismo de un modo práctico y mágico todos los meses en consonancia con las fases lunares. De este modo, al cabo de un año habrás trabajado con muchos aspectos de tu vida que necesitan atención.

Todo esto se presenta de la forma más simple posible. Y con el fin de facilitar todavía más las cosas, cuando lo considere necesario incluiré vínculos para las páginas de mi sitio web en las que puedes encontrar más información o descargar hojas de trabajo.

¡De manera que sube a bordo, porque partimos hacia la luna!

Primera parte

¿POR QUÉ ES MÁGICA LA LUNA?

Muchos de los que trabajan deliberadamente para hacer realidad sus deseos desconocen un hecho importante: poner en marcha el proceso durante la fase de la luna nueva aumenta con creces nuestras posibilidades de conseguirlo.

Capítulo 1

¡Entra en sintonía con la luna!

Déjame empezar esta sección contando mi historia favorita sobre los deseos manifestados durante la luna nueva. Necesito volver atrás hasta la época en que tenía trece o catorce años y vivía en la ciudad de Hobart, en el estado australiano de Tasmania. En caso de que no hayas oído hablar de ella, Tasmania es una isla en el fin del mundo situada frente a la costa sur de Australia. Lo único que hay entre ella y la Antártida es una gran masa de agua *muy* turbulenta y un aire gélido. ¡Créeme, lo sé porque he navegado en esas aguas!

DESEAR QUE LOS SUEÑOS SE HAGAN REALIDAD

En aquella época mi sueño más deseado era salir de Tasmania para vivir en París. Había colgado fotos de París en las paredes de mi dormitorio; leía poesía francesa y escuchaba música francesa. El primer plato que aprendí a cocinar fue una *quiche lorraine*, evidentemente porque era de origen francés. En un momento determinado me las arreglé para conseguir un paquete de cigarrillos Gauloise, no para fumarlos sino para usarlos como incienso en mi habitación mientras me imaginaba que estaba sentada en un café parisino muy *chic* del Barrio Latino escuchando *jazz*. (Desafortunadamente, mi madre notó el olor, pensó lo peor y tuve bastantes problemas).

Muchos años más tarde, cuando ya me había convertido en periodista, pasé una semana en París porque una amiga me había ofrecido las llaves de su piso mientras estaba de vacaciones en Australia. No fue mi primer viaje a la ciudad de mis sueños, pero sí fue la primera vez que la visité como adulta y la primera ocasión en la que estuve sola en ella.

Llegué a París una noche de luna nueva y, por supuesto, me dirigí directamente hacia la torre Eiffel. Pensé que la torre sería la *antena* perfecta para elevar mis deseos al cielo. Y, en efecto, así fue.

Ese día mis deseos consistían en poder quedarme en París mucho más tiempo que la semana que había programado. Yo era escritora *freelance* y esto me permitía trabajar con mi ordenador portátil en cualquier lugar del mundo siempre que tuviera una conexión a Internet; además, tenía el pasaporte en orden. Ahora que estaba en París con todo esto a mi favor, *¿por qué demonios tenía que marcharme?* Después de expresar mis deseos decidí volver al apartamento de mi amiga. Mientras caminaba por las hermosas calles parisinas al atardecer, una voz dentro de mi cabeza dijo muy claramente: «¡Es cierto, ahora vivo aquí!».

«¡Caramba! —pensé—. ¡Qué extraño que esté pensando esto!». Al día siguiente vi un anuncio escrito a mano donde se ofrecía un apartamento en alquiler en uno de los distritos más elegantes de París, muy cerca de donde me alojaba. Acudí a la cita con la propietaria, que me mostró el apartamento y resultó ser una mujer encantadora (más tarde descubrí que era una princesa europea). Era perfecto; el único inconveniente era que su marido tenía un cuarto oscuro de fotografía junto a la cocina y la pareja quería utilizarlo de vez en cuando. Por esta razón, el alquiler era la mitad de lo que hubiera costado normalmente en ese maravilloso barrio de la ciudad. El apartamento estaba muy cerca del Boulevard St. Michel.

Y para facilitar más las cosas, la propietaria y su marido hablaban un perfecto inglés, de manera que pude comunicarme sin ningún problema con ellos (todavía necesitaba perfeccionar el francés que había aprendido en la universidad). Me ofrecieron el apartamento y yo, por supuesto, dije «*¡oui!*» sin pensarlo dos veces. Así fue como terminé viviendo en París los siguientes dos años y medio.

Me pregunto: ¿fue el mero hecho de *desear* vivir en París lo que consiguió hacer realidad mi sueño? Bueno, no exactamente. Primero tuve el *sueño* de vivir allí y luego *hice algo* para hacerlo posible (estudiar francés y visitar la ciudad). Además, estoy segura de que mis sueños se materializaron porque expresé mis deseos bajo la torre Eiffel. Lo que quiero decir es que siempre estamos manifestando. No podemos evitarlo. ¿Sueñas (o te preocupas) con darle un vuelco a tu vida? En ese caso tal vez lo consigas. ¿Sueñas con vivir en París? Entonces tal vez lo consigas. El hecho de soñar con París creó mi realidad.

Un par de horas después de haber firmado el contrato de alquiler del apartamento, una persona que conocí en un café me dijo: «*¡Vous avez faites un miracle!*».* Como es evidente, por lo general no es tan fácil para un forastero hacer un viaje a París y encontrar un apartamento para alquilar y menos aún algo tan económico en la mejor zona de la ciudad.

Sin embargo, eso es precisamente lo que sucedió; fue como si yo misma hubiera materializado mi deseo. Estaba viviendo mi sueño; me parecía algo simplemente natural... y la magia se produce cuando las cosas parecen ocurrir de una forma natural.

---

* ¡Has hecho un milagro!

LOS DIEZ DATOS MÁS IMPORTANTES SOBRE LA LUNA

Antes de seguir adelante citaré diez datos claves, astrológicos y de otro tipo, que necesitas conocer con el fin de poner las cosas en perspectiva:

1. La luna está a 384.400 km de la Tierra y tiene un radio de 1.737 km.

2. Los astronautas de la misión del *Apolo 11* de 1969 (entre los que se encontraban Buzz Aldrin y Neil Armstrong) y las cinco misiones Apolo que la sucedieron tardaron aproximadamente tres días en llegar a la luna. Pero en 2006, la misión New Horizons pasó por la luna en su camino hacia Plutón y llegó hasta allí en solo nueve horas. De cualquier manera, en esa ocasión solo se trataba de pasar cerca y por lo tanto no existía la necesidad de aminorar la marcha para el alunizaje.

3. Se estima que la luna se formó hace alrededor de 4.527 millones de años; eso significa que tiene aproximadamente la misma antigüedad que la Tierra.

4. La teoría científica más popular sobre el origen de la luna afirma que se formó con los residuos en órbita producidos por el choque de la Tierra, que acababa de nacer, con un planeta que tenía aproximadamente el tamaño de Marte.

5. La luna gira alrededor de la Tierra, así como la Tierra gira en torno al sol.

6. La luna tarda aproximadamente treinta días en atravesar los doce signos del Zodíaco y pasa unos dos días en cada uno de ellos.

7. Cada dos semanas hay una luna nueva que dos semanas más tarde es sucedida por una luna llena. Luego, al cabo de dos semanas vuelve a haber una luna nueva, y así sucesivamente.

8. Los astrólogos utilizan la palabra *lunación* para hablar de la luna nueva o de la luna llena. Por ejemplo, podríamos decir que la siguiente lunación es la luna llena en Aries.

9. En astrología, los aspectos más importantes que gobiernan la luna son: las emociones, el alimento, el hogar, los instintos, la madre, las necesidades, los pechos, la crianza, la femineidad, el pasado, las raíces, la seguridad y el subconsciente.

10. La luna activa los planetas mientras se traslada a través del Zodíaco, y por ese motivo es un fantástico temporizador astrológico.

Sin embargo, lo más importante para nuestro propósito es que en términos astrológicos la luna está asociada con los sentimientos, las emociones, las madres, la educación y crianza de los niños, los recuerdos, la femineidad, la Diosa, las brujas, las mujeres, la infancia, los ciclos, la herencia, los hábitos, la sensibilidad, los estados anímicos, las fluctuaciones, el subconsciente, la receptividad, la vida doméstica, lo público, el hogar, el alimento, las necesidades y muchas otras cosas.

LOS BENEFICIOS DE CONECTARSE CON LA LUNA

A medida que te familiarices con las prácticas incluidas en este libro, estoy segura de que comprenderás rápidamente que la conexión con la luna es muy poderosa; cuando expresas tus deseos durante la luna nueva, y te liberas de cargas y perdonas cuando llega la luna llena (más adelante hablaré más detalladamente de estos dos procesos). También descubrirás que es fascinante trabajar con el signo del Zodíaco en el cual se encuentran la luna nueva y la luna llena, así como comprobar que el hecho de saber en qué momento la luna nueva o la luna llena están afectando tu horóscopo personal te permite tomar conciencia de algunas cosas. Después de un cierto tiempo, es más que probable que comiences a contar los días que faltan para la siguiente lunación.

Si estás en un camino espiritual (y el hecho de que estés leyendo este libro significa que seguramente así es), conectarte con la luna será pura magia. En primer lugar, la luna por sí misma te recuerda que en la vida hay mucho más que las meras anécdotas de nuestro día a día. Lo que quiero decir es que ¡simplemente te detengas a mirarla! La luna es algo que aparentemente flota en el cielo. Incluso a simple vista es sorprendente. (Si nunca la has visto a través de un telescopio, te recomiendo muy especialmente que lo hagas. *Es impresionante, en el más amplio sentido de la palabra*).

Observar la luna de mes en mes, y de año en año, te conectará con sus ciclos y sus ritmos; te ayudará a recordar que todos formamos parte de algo mucho mayor, que somos hijos del Universo. Somos polvo de estrellas. Somos *mucho más* que personas que van a trabajar en transporte público y, una vez en el lugar de trabajo, se dedican a competir con sus compañeros por conseguir una promoción o un ascenso.

Somos los hacedores de un viaje mágico hacia la iluminación. Somos uno con el cielo y el Universo, y con todo lo que hay más allá de él. Y aunque no podamos observarlo en su plenitud, o ni siquiera dediquemos demasiado tiempo a contemplar la naturaleza, conectarnos con la luna nos permite volver a conectarnos con lo Divino, con nuestros seres divinos y con el cosmos.

Cuando comienzas a entrar en sintonía con los ciclos de la luna, empiezas a conectarte con el cosmos y la naturaleza. Somos seres humanos del siglo XXI y tendemos a estar bastante desconectados de ellos. Como es evidente, no todos vivimos en ciudades y pasamos muchas horas del día en habitaciones iluminadas de manera artificial, quizás frente a un ordenador. No obstante, para muchos de nosotros esa es la realidad cotidiana, ¿no es verdad? Salir al exterior, entrar en contacto con la naturaleza y observar la misteriosa luna es un remedio real.

Puedes observar la luna desde un parque cercano a tu casa o desde tu jardín. Si no tienes jardín, puedes mirarla desde la entrada de tu casa. Y si no tienes ni entrada particular ni jardín, puedes contemplarla desde la calle o desde tu ventana. Recuerdo la primera vez que tuve la oportunidad de observar la luna en su fase creciente, noche tras noche. Estaba en Tailandia y me alojaba en una cabaña en la playa. El cielo estaba completamente negro y la luna era un verdadero espectáculo.

Ahora, cuando la luna está prácticamente llena me encanta darme un «baño de luna» y recibir sus rayos brillantes. Suelo hacerlo en compañía de mi hijo con el propósito de que empiece a conectarse con la magia de la luna. Por cierto, las noches de luna llena son un excelente momento para eliminar la negatividad acumulada en tus joyas; solo tienes que dejarlas en el exterior en algún lugar seguro.

Conectarse con la luna es una práctica maravillosa que merece la pena incorporar a tu vida. Al expresar tus deseos durante la luna nueva comenzarás a manifestar tus sueños. El mero hecho de hacerlo significa que ya has llegado a creer, como me sucede a mí, que la luna nueva tiene algo que es muy potente. Y en cuanto a la luna llena (que es el momento en que dejamos de aferrarnos a las cosas), eso es simplemente puro sentido común, ¿no te parece? Necesitamos abandonar el control de todo, desde la toxicidad hasta la negatividad, y debemos hacerlo de forma regular.

Capítulo 2

Transforma tu vida con las fases de la luna

Para mí, lo más importante de conectarse con la luna es el hecho de saber en qué ciclo se encuentra en cualquier momento del mes. De modo que vamos a empezar a trabajar con la luna siguiendo sus movimientos a través de sus *ocho fases*. ¡Esta información podría llegar a cambiar tu vida!

Con toda certeza ya conoces al menos los nombres de dos de las ocho fases lunares: la luna llena y la luna nueva.

Ahora sigue leyendo...

EL MES LUNAR

Aunque la luna parece cambiar de forma en el cielo a medida que se mueve a través de sus fases (desde la luna nueva hasta la luna creciente y luego desde la luna llena hasta la luna menguante), iniciando el ciclo una y otra vez, lo que en realidad cambia es la posición de la luna en relación con el sol y la Tierra.

Ahora tendremos que hablar un poco de cuestiones técnicas... Piénsalo de la siguiente manera: la luna orbita alrededor de la

Tierra y la Tierra gira en torno al sol; las fases lunares son el resultado del cambio de ángulo que hay entre la luna, la Tierra y el sol. Debido al ángulo que hay entre el sol y la luna mientras esta gira alrededor de la Tierra, desde nuestra ubicación vemos la luna iluminada de diferentes formas. Por este motivo, en algunas ocasiones vemos iluminada la cara entera (luna llena) y en otros momentos la vemos como una «media luna» (luna creciente o menguante).

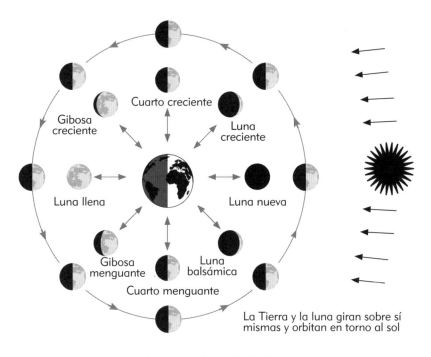

La Tierra y la luna giran sobre sí mismas y orbitan en torno al sol

Las ocho fases de la luna

Hace muchas, *pero muchas*, lunas, los humanos observaron los cambios de luz reiterados de los ciclos lunares y le otorgaron un nombre diferente a cada fase.

También estudiaron las energías que las diferentes fases proyectaban sobre nosotros y plasmaron esa sabiduría en la astrología. La ilustración anterior muestra de qué manera las fases se modifican durante el ciclo lunar de veintinueve días y medio. (Ten en cuenta que los ángulos que se indican son los que se crean cuando trazamos una línea desde la Tierra hasta el sol, y desde la Tierra hasta la luna. Por lo tanto, 0° corresponde a la luna nueva, y una vez que la luna se mueve 180° en torno a la Tierra, llega la fase de la luna llena).

También es útil saber lo siguiente:

- La luna creciente va desde la luna nueva hasta la luna llena, creciendo un poco cada noche.
- La luna menguante va desde la luna llena hasta la luna nueva, haciéndose más pequeña cada noche.
- Podemos pensar en la luna en términos del concepto filosófico chino del yin y el yang. La luna nueva es una época muy yin, y a medida que pasan los días es cada vez más y más yang. La luna llena es un momento muy yang, pero las energías se tornan cada vez más yin con el paso de los días. (¿Acaso no es hermoso que la luna esté en un flujo constante, tal como nosotros lo estamos en la vida?).

UNA GUÍA PARA UTILIZAR LAS FASES DE LA LUNA

Durante cientos de años, la tradición y el folklore han afirmado que cada una de las fases lunares es propicia para realizar determinadas actividades. Y en 1967, un escritor estadounidense, Dave Rudhyar, publicó un libro fundamental que llevaba como título *El ciclo de las lunaciones* (Editorial Sirio, 2000), en el que analizaba la idea de que la relación entre el sol y la luna en nuestra carta natal es una clave muy importante para comprender nuestra personalidad. Es un libro fantástico que todos los acérrimos seguidores de la luna deberían leer. Con el paso de los años, he desarrollado mi propia opinión sobre la forma de utilizar las energías de cada fase (es decir, determinar lo que deberíamos y no deberíamos hacer en cada una de ellas, particularmente en lo que se refiere a manifestar nuestros sueños) y la he resumido aquí. Mi enfoque se basa en parte en el trabajo de Rudhyar, pero también en el saber común, en la sabiduría tradicional y en mi propia experiencia.

Lo ideal sería que todos trabajáramos con la luna a medida que atraviesa cada una de sus fases. No obstante, lo más probable es que la mayoría de las personas se ocupen de observar en qué fase se encuentra la luna cuando tienen problemas en la vida; por ejemplo, cuando han llegado a un momento álgido y necesitan ayuda cósmica. Y no hay ningún problema al respecto. Lo principal es comprender que cada una de las fases lunares es propicia para una u otra cosa. Recuerda: cuanto más en sintonía estés con la luna, más fácilmente fluirá tu vida.

Si quieres saber en qué fase se encuentra la luna, puedes visitar mi sitio web www.moonology.com. Encontrarás la información en la página inicial. Si deseas recibirla directamente en la bandeja de entrada de tu correo electrónico, puedes apuntarte para recibir mis boletines en www.moonologybook.com/dailymessage (ambas páginas en inglés).

La fase de la luna nueva

- Planta las semillas de tus futuros sueños.
- Esta fase comienza entre uno y tres días después de la luna balsámica.*
- Las palabras clave de esta fase son: *hoja en blanco*, *potencial*, *sueños*.

Sin lugar a dudas, esta es la parte más emocionante del ciclo lunar. Puede parecer que es una época de quietud, en la que las cosas están en calma, pero de hecho es en esta fase cuando comienzas a manifestar tus sueños... *o no*. Es un buen momento para mirar hacia delante, planificar, dedicar tiempo a tus anhelos. La creación

---

* N. de la T.: Corresponde a una fase entre el cuarto menguante y la luna nueva.

requiere tiempo. Recitar el mantra «me siento bendecido» en este punto del ciclo de la luna será de gran ayuda.

En la época de la luna nueva, las ideas surgen del éter y nosotros debemos decidir a cuál de ellas queremos adherirnos. Es preciso tener en cuenta y recordar que todo es posible. Este es definitivamente el momento para pensar en lo que *realmente* deseas, en lugar de pensar en lo que *no* deseas. Medita sobre tus sueños. Eso te permitirá sintonizarte con tu ser superior, con el fin de obtener toda la guía que necesites para encaminarte hacia tus sueños.

En esta época es muy recomendable recibir un masaje, tener sexo apasionado, incluso darse un baño caliente, o hacer cualquier otra cosa que te recuerde que estás vivo en tu cuerpo. ¿Qué es lo que esperas obtener de tu experiencia como ser humano?

Si estás determinado a expresar deliberadamente tus deseos, la fase de la luna nueva es el momento ideal para encontrar tiempo para ti y escribir tus deseos o plasmarlos en un dibujo. A la mayoría de las personas les sienta muy bien escribir; sin embargo, personalmente creo que dibujar, o incluso hacer garabatos, es todavía mejor. La razón es que el hecho de crear un pequeño dibujo que represente uno de tus sueños, o de tus deseos, te permite visualizarlo para que se haga realidad. Esto tiene una importancia enorme, porque significa que empiezas verdaderamente a creer en él y de este modo comienzas a manifestarlo. Como suele decirse, «si crees en ello, podrás conseguirlo». (Me extenderé un poco más sobre este tema en la segunda parte).

¿Te preocupa no saber dibujar? Eso no tiene ninguna importancia. No obstante, si optas por escribir tus objetivos, mientras lo haces asegúrate de imaginarlos con el ojo de tu mente. Siéntelos. Tal como dice el doctor Wayne Dyer:

Percibe la sensación del deseo cumplido. Siéntela en tu propio cuerpo. Siente la alegría. Leer tus deseos en voz alta también es una acción muy poderosa. Acelerarás radicalmente la manifestación de tus deseos si comprendes adecuadamente esta parte del ciclo. [Encontrarás más información sobre este tema en la segunda parte del libro].

La fase de la luna creciente

* Analiza tus sueños.
* Esta fase comienza entre tres días y medio y siete días antes de la luna nueva.
* Las palabras clave de esta fase son: *coraje*, *avanzar*, *fe*.

Este es el momento propicio para que tus sueños florezcan y se desarrollen. Si no te suena demasiado poético, piensa en ti mismo y en tus sueños como una flor que se está abriendo. Recuerda que la luna se está moviendo y pasará de ser invisible a tener una potencia total, y lo mismo sucede con tus sueños. Ahora quizás no seas capaz de ver qué es lo que vas a manifestar, pero antes de que pase mucho tiempo tus deseos comenzarán a exteriorizarse, y eso sucederá en cuanto la primera porción de la luna creciente empiece a verse en el cielo.

Sigue pensando en lo que deseas. Tómate un momento para repasar las listas de deseos que hiciste durante la luna nueva (en la segunda parte te hablaré más de este tema). Léelos en voz alta. Reflexiona sobre ellos. ¿Empiezan a parecer reales? Si no es así, léelos y visualízalos una vez más. Intenta percibir la sensación del deseo cumplido. Expresar deseos y establecer intenciones es una forma muy potente de empezar. Si realmente quieres transformar tu vida, necesitas conectarte con esta visión.

La fase de la luna creciente es el tiempo de la fe y del coraje. Si tienes algún anhelo, debes ir tras él. A veces se requiere valentía para perseguir los deseos y embarcarse en ese viaje puede suscitar el temor a fracasar. Si sabes que esto es un problema para ti, acaso necesites trabajar más duramente durante la época de la luna creciente para no abandonar antes de haber empezado.

La fase del primer cuarto, o cuarto creciente

- Es el tiempo de comprometerse.
- Esta fase comienza entre siete y diez días y medio después de la luna nueva.
- Las palabras clave de esta fase son: *desafíos*, *confianza*, *compromiso*.

En esta fase la luna se ve como una «media luna», a mitad de camino entre la luna nueva y la luna llena. En este momento del ciclo, puedes empezar a albergar ciertas dudas sobre tu capacidad para manifestar tus sueños. ¿Acaso tu determinación y tu compromiso están siendo sometidos a prueba? Si en lo más profundo de tu corazón sabes que ya no acaricias con tanto fervor tus viejos sueños, o ya no te apetece materializarlos, hazte un favor y déjalos ir.

El ego tal vez esté apegado a ellos, pero tú puedes abandonarlos. No obstante, si por el contrario estás verdaderamente convencido de querer alcanzar tus sueños, este es el momento de comprometerte seriamente con ellos. Algunas veces necesitamos un escollo o un traspié que nos reafirme en nuestras intenciones. Esta es una época muy importante para volver atrás y releer las listas de deseos elaboradas durante la luna nueva. Vuelve a sentirlas, vuelve a visualizarlas, vuelve a imaginarlas.

En este momento también podrían surgir algunos problemas o producirse una crisis; tanto mejor para ti, porque así trabajarás más intensamente para cumplir tus propios sueños. La razón astrológica de lo que está sucediendo es que la luna está lo suficientemente lejos como para colocarse frente al sol y produce un ángulo firme. El ángulo, llamado cuadratura, es conocido por generar ¡un picor que pide rascarse! En otras palabras, en esta etapa pueden aparecer conflictos que requieren algún tipo de acción.

La fase de la luna gibosa creciente

- Mantén el rumbo.
- Esta fase comienza entre diez días y medio y quince días después de la luna nueva.
- Las palabras clave de esta fase son: *retocar*, *poner a punto*, *regular.*

A medida que la luna se acerca cada vez más a la luna llena, comienza la época de resistir. No flaquees ni abandones. No dejes que tu ego o tu miedo arruinen tus planes. Debes estar abierto a todo lo que la vida quiere enseñarte. Si sabes que necesitas hacer algunos cambios para alcanzar tus objetivos, hazlos ahora. *Gibosa* significa 'abultada'* ¡y eso describe muy bien la fase de la luna en la que la vida se despliega repleta de posibilidades!

Este es un momento excelente para revisar tus planes. Es una buena oportunidad para hacer algún ajuste. Dedica tiempo a analizar tus ideas y percibir qué es lo que está funcionando y qué es lo que al parecer está a punto de agotarse. Este es un tiempo ideal para darle impulso a lo que estás planificando, independientemente de lo que se trate. Pero ¿qué sucede si acabas de darte cuenta de lo que quieres? No hay ningún problema. Este también es un buen momento para iniciar nuevos proyectos.

Durante este ciclo, lo importante es no perder la paciencia. Tal como el antiguo filósofo chino Lao Tse solía decir: «Las personas suelen fracasar en sus intentos justamente cuando están a punto de triunfar. Si uno se mantiene tan cauto al final como lo fue al principio, no habrá lugar para ningún fallo».

Esta fase también es propicia para recuperar algunos viejos hábitos o rutinas que has abandonado. Aunque falten aún casi dos semanas para la luna nueva, todavía seguimos en la fase de

---

* Gibosa es traducción literal de *gibous*. En castellano la definición recogida por el DRAE para giboso/a es «que tiene giba (joroba)». El término en un contexto general puede hacer referencia a lo convexo, lo abultado.

construcción de ciclo de la luna, de manera que sigue siendo reco-mendable volver a iniciar algo.

La fase de la luna llena

- ¡Es el momento crucial!
- Esta fase comienza entre quince y dieciocho días y medio después de la luna nueva.
- Las palabras clave de esta fase son: *resultados*, *perdón*, *gratitud*.

La luna llena es el punto álgido del ciclo lunar. Ahora las cosas llegan a un punto crítico y nosotros lo sabemos instintivamente. Si uno de nuestros deseos se hace realidad, es más que probable que se manifieste en este momento del ciclo. O tal vez simplemente recibas una clara señal de que ese deseo está en camino de materializarse. Algunos deseos requieren tiempo. Conéctate con el estado del deseo en tu sistema de orientación emocional. ¿Qué sensaciones tienes con respecto a tus sueños en este momento? Es aconsejable que te sientas animado. Piensa en lo más positivo que puedas imaginar en relación con lo que deseas. Siéntete a gusto contigo mismo. Agradece todo lo que tienes.

Si eres una persona sensible a la luna, este es el momento del mes en el que probablemente te sentirás tenso y ansioso. En cierta medida, eso se debe a que tu cuerpo sabe que este es el clímax de tu ciclo actual y que todo aquello que no hayas podido manifestar tendrá que esperar. Esta parte del ciclo es yin; la energía está ahí fuera y nuestros sentimientos se hallan a la vista de todo el mundo. Utiliza esta parte del ciclo para liberarte y soltarte. Si algo no ha funcionado, bendícelo. Y a pesar de ello, siente gratitud por todo lo bueno que hay en tu vida.

Mira hacia atrás para revisar lo que ha ocurrido durante el último mes y toma conciencia de algo o alguien que te haya hecho daño. Este no es el momento de encontrar culpables, sino de perdonar. Cuando perdonas, te liberas del karma y puedes dejar atrás esa situación. Y como la naturaleza aborrece el vacío, deberás sustituir aquello que estás dejando atrás. La idea es utilizar este punto máximo del ciclo lunar para liberarte y seguir adelante.

Perdonar es uno de los regalos más importantes que podemos hacernos a nosotros mismos. ¡Así es, en verdad! Porque cuando perdonamos podemos avanzar. Perdonar a alguien o algo que te ha hecho daño en las últimas cuatro semanas (o en cualquier momento de tu vida) es una de las cosas más sanas que puedes hacer por ti mismo, es desintoxicante. Cuanto más claro lo tengas, más capaz serás de sembrar más semillas en la próxima fase de la luna nueva que tendrá lugar dentro de dos semanas.

En cuanto te hayas liberado de cualquier pesar o malestar a través del perdón, llénate de gratitud. La luna llena es el momento en el cual las emociones salen a la superficie para que te ocupes de ellas. A medida que te liberes de sentimientos negativos en relación con algo o alguien que todavía no has conseguido resolver, concéntrate en las buenas sensaciones pensando en por qué y por quién sientes agradecimiento. En la tercera parte del libro aprenderás algo más sobre el perdón y la gratitud de la luna llena.

La fase de la luna gibosa menguante

- R-e-s-p-i-r-a...
- Esta fase comienza entre tres días y medio y siete días después de la luna llena.
- Las palabras clave de esta fase son: *ciclo*, *relax*, *aceptar*, *reagrupar.*

Después de la intensidad de la luna llena, puede ser tentador dejarte llevar por el desánimo. Si las cosas no funcionaron para ti, ¿ahora qué? Has invertido una gran cantidad de energía y quizás te apetezca relajarte un poco durante esta parte del ciclo. En este caso, no dudes en hacerlo. Descubrirás que cuanto más trabajes en sintonía con las fases de la luna, más fácilmente fluirá tu vida.

Este no es un buen momento para iniciar algo nuevo, sino para sentirte a gusto contigo mismo mientras vuelves a consolidar tus fuerzas. Cuanto mejor aceptes «lo que hay», mejor será el estado de tu salud emocional. Además, cuanto más descanses en esta etapa, mayores oportunidades de éxito tendrás en el futuro.

Este es también un buen momento para compartir tu saber con los demás. ¿Qué has aprendido? ¿Puedes transmitirlo? Durante las últimas semanas has estado ganando sabiduría y experiencia. Ha llegado el momento de compartir lo que sabes con otras personas.

Ahora nos encontramos oficialmente en el ciclo menguante. La luna parecerá más pequeña cada noche hasta desaparecer al llegar la fase de la luna nueva. Es como si hubiéramos pasado de un lado de la vida a otro. Estamos atravesando la puerta de la luna llena y a punto de ver lo que hay del otro lado.

Si aceptas que estás donde estás, todo irá bien. Intenta relajarte durante esta fase del ciclo. Si has trabajado duro para manifestar tus sueños durante la quincena que hay entre la luna nueva y la luna llena, te has ganado un descanso.

La fase del tercer cuarto, o cuarto menguante

- ¿Qué es lo que sabes?
- Esta fase comienza entre siete y diez días y medio después de la luna llena.
- Las palabras claves de esta fase son: *reevaluar*, *equilibrar*, *confiar*.

Esta fase de la luna puede ser incómoda. Es el punto medio entre la maravilla de la luna llena y el potencial de la luna nueva. En un determinado nivel sabemos que lo que no ha funcionado para nosotros en el pasado se ha disuelto en el éter. Ha llegado la hora de volver a orientarnos. Aunque en esta fase del ciclo experimentemos cansancio, no hay tiempo para detenerse ni para dormirse en los laureles. En este momento hay tensión: es el resultado del ángulo recto que hay entre el sol egoísta y la luna emocional.

Quizás no nos apetezca deshacernos de algunas cosas; sin embargo, sabemos que es preciso hacerlo. *Es necesario hacer ajustes.* Tenemos que generar espacio para lo nuevo, pues percibimos que está a la vuelta de la esquina, es decir, cuando llegue la luna nueva la próxima semana. El tercer cuarto (igual que el primero) se ve como una media luna. Es preciso analizar cualquier conflicto que se produzca en este momento; pregúntate cuál es el mensaje contenido en los problemas o desafíos que surgen en esta fase. Quizás sea necesario un cambio de rumbo. Deja que las cosas fluyan.

Esta parte del ciclo puede ser una encrucijada. Mira hacia atrás para comprobar lo lejos que has llegado. ¿Acaso te mereces una palmada en el hombro por todo lo que has conseguido? Si es así, apréstate a recibirla. ¿Y ahora qué? Puede ser un tiempo dedicado a decidir qué es lo que quieres llevar contigo al ciclo de la luna nueva que está a punto de llegar y qué es lo que quieres dejar atrás. Esta es también una buena época para deshacerse de los hábitos negativos. Te encuentras en un punto de inflexión, de manera que la pregunta es: ¿hacia qué lado quieres girar? ¿Quieres seguir adelante con tus viejos planes, o prefieres hacer planes nuevos?

La fase de la luna balsámica

- Libérate...
- Esta fase comienza alrededor de diez días y medio después de la luna llena y continúa hasta el comienzo de la luna nueva.
- Las palabras clave de esta fase son: *sanación*, *calma*, *entrega*.

La palabra *balsámica* procede de *bálsamo*, que significa 'lo que cura o calma'. Y de eso trata esta «última parte» del ciclo lunar (antes de la luna nueva). Hemos pasado de las esperanzas y los sueños a las explosiones del potencial: a tomar conciencia de lo que puede y no puede ser, a la aceptación, al perdón y a la entrega... Y ahora llega el tiempo de la sanación y la calma.

Si quieres vivir conscientemente, alineado con los ciclos de la luna, este es el momento de ser menos exigente contigo mismo y simplificar las cosas. Comienza a pensar nuevamente en tus sueños y deja que la esperanza te guíe y te inspire. Recuerda que todo es posible. Vive amablemente. Respira.

Una de las mejores formas de trabajar con este ciclo es cantar las palabras sánscritas *Om Namo Narayani*, que significan 'me entrego a lo Divino'. Lo Divino tiene un plan para cada uno de nosotros ¡y todos somos la manifestación de lo Divino! De manera que entrégate. Es más fácil decirlo que hacerlo, pero al cantar *Om Namo Narayani* y pedirle a tu alma que se entregue, podrás conseguirlo.

El ciclo lunar está concluyendo y ha llegado el momento de fluir y avanzar. Pero también ha llegado el momento del descanso y la sanación. Puedes concederte un respiro. Sueña despierto. Pero sueña grandes cosas. Atrévete con tu imaginación. Sonríete a ti mismo. Una vez más, este es un tiempo excelente para terminar con todos esos hábitos que no son beneficiosos para ti. También lo es para concluir relaciones que no funcionan. Si has tenido un conflicto con alguien pero de todos modos quieres mantener la relación, este es un momento perfecto para liberarte de aquello que provocó el desencuentro.

Resumen

Ahora tienes una visión global de cómo conectarte con la luna. En esta sección has aprendido que:

- La luna se puede utilizar como un temporizador cósmico mágico que te ayude a crear tu vida ideal.

- Conectarnos con la luna nos permite tomar contacto con sus ciclos y ritmos.
- Hay ocho fases principales de la luna y los puntos álgidos son la luna nueva y la luna llena.
- La luna nueva es el tiempo de lanzar tus deseos y tus intenciones al Universo.
- La luna llena es el tiempo en el que tendemos a estar más emotivos, y esto tiene sentido puesto que la luna rige las emociones.

Preguntas frecuentes sobre la luna y sus fases

Antes de seguir adelante, me ocuparé de responder algunas de las preguntas que suelen formularme en relación con la luna y sus fases.

En términos astrológicos, ¿qué significan la luna nueva y la luna llena?

Tengo una teoría personal que consiste en que la luna nueva es ese tiempo en el que los humanos nos sentimos bastante extraños porque sabemos que está a punto de producirse un cambio y a muchos de nosotros no nos entusiasman demasiado los cambios. Más aún, a un nivel muy primario, creo que algunos de nosotros perdemos un poco los papeles cuando no podemos ver la luna; y efectivamente no podemos verla en la fase de la luna nueva.

La grande y redonda luna llena es considerada el clímax del ciclo lunar mensual. ¡Sí, el tamaño importa! La luna parece aumentar de tamaño a medida que alcanzamos el punto máximo del ciclo. A continuación, mientras la luna empieza a verse cada vez más pequeña hasta convertirse finalmente en una delgada brizna de luz plateada y desaparece durante un tiempo, llega el momento de dejarse ir, liberarse y seguir adelante. (La luna nueva nace y se pone con el sol).

Como ya he mencionado, en astrología la luna se asocia con los sentimientos (entre otras cosas). De manera que simbólicamente tiene sentido que a medida que la luna parece aumentar de tamaño, a nuestros sentimientos les ocurra lo mismo. Y es por este motivo por lo que en el punto máximo del ciclo lunar, la fase de la luna llena, nosotros los humanos nos ponemos un poco lunáticos. Lunático/lunar. ¿Lo captas? ¡Ahora sí lo has entendido! También necesitas saber que:

- La luna nueva es oscura, está escondida y se asocia con las brujas; representa los secretos y los misterios velados.
- La luna llena se asocia a la redonda, magnífica, iluminada y gran Diosa.

¿Cuándo comenzó a observarse la luna?

Muchos historiadores creen que la observación de la luna se inició como un resultado directo de la necesidad de nuestros antepasados más antiguos de trabajar durante las diferentes estaciones. Antes del advenimiento de la agricultura organizada, las personas intentaban predecir si el tiempo sería cálido o frío, seco o lluvioso; tenían que calcular si las mareas subían o bajaban, si determinadas plantas y arbustos producirían flores o frutos, y así sucesivamente. Todo ello formaba parte del proceso de aprender cómo trabajar con el planeta Tierra.

Los primeros seres humanos descubrieron con bastante rapidez que podían utilizar los ciclos repetitivos del sol y de la luna como el punto de partida para sus cálculos. De acuerdo con los hallazgos de los arqueólogos, la humanidad ha estado pendiente de la luna nueva y la luna llena desde hace veinticinco mil años.

¿Qué es la luna vacía de curso*?

Para responder a esta pregunta, primero necesito darte un poco de información muy básica sobre astrología. Como ya sabes, los astrólogos analizan los movimientos de los planetas, y eso significa que estudian los ángulos, o «aspectos», que los planetas forman entre sí. De manera que, por ejemplo, cuando dos planetas están a una distancia de 90° en la rueda de 360° de la carta del cielo/astrológica, se dice que dichos planetas están en «cuadratura» (y eso significa que es un ángulo –aspecto– inarmónico que puede causar que salgan a la luz conflictos que hay que resolver).

Cuando los planetas están a una distancia de 60°, forman un sextil (un aspecto más tranquilo); una distancia de 120° es un trígono (tranquilo) y una distancia de 0° (cuando los planetas están en el mismo sitio al mismo tiempo) es una conjunción (pueden desplazarse hacia un lado u otro, dependiendo de la situación). Cuando los planetas están a una distancia de 180°, se encuentran en oposición, y esto significa que la situación es complicada.

Una vez dicho esto, a continuación enumero las tres definiciones principales de una luna vacía de curso:

1. La luna que no mantiene ningún aspecto con ningún planeta hasta que se desplaza hasta el siguiente signo del Zodíaco.
2. La luna que no mantiene un aspecto exacto con ningún planeta durante los siguientes 30° de su recorrido.
3. La luna que no mantiene un aspecto exacto dentro de una órbita de 10°.

La primera definición es, con diferencia, la que se utiliza más ampliamente y la que debería interesarte. *Se dice que todo aquello que iniciemos cuando la luna está vacía de curso no dará ningún fruto.*

---

* Algunos astrólogos la denominan «luna fuera de curso».

Definitivamente, este no es un tiempo propicio para poner en marcha un nuevo negocio ni organizar una boda. Este es un tiempo para simplemente «ser»: si puedes, dedícate a meditar y a practicar yoga. Ten en cuenta que esto no es lo mismo que tener una luna vacía de curso en tu carta astrológica; de cualquier manera este es un tema que está más allá del ámbito de este libro.

¿Dónde está «mi» luna?

Todos tenemos una luna en nuestra carta astrológica, pero este tema es muy extenso y no puedo ocuparme aquí de él. Sin embargo, en mi libro *Astrology*,* hablo de dónde se encuentra nuestra luna personal y de qué es lo que significa.

¿Qué son las lunas fuera de los límites?

Si te conviertes en un verdadero fanático de la luna, querrás saber qué son las lunas fuera de los límites, que se popularizaron gracias a la desaparecida K. T. Boehrer, autora de *The Declination Lady* [La dama de la declinación]. Fue una verdadera bendición haber conocido a K. T. antes de que falleciera en 2004. Fue para mí una mujer inspiradora y le estaré eternamente agradecida por todo lo que me enseñó.

Esencialmente, cuando la declinación de la luna (la distancia angular de un punto al norte o al sur del ecuador celeste) supera los 23º 28' norte o los 23º 28' sur, se dice que está fuera de los límites y que se torna mágica. La luna que está fuera de los límites es espontánea, desinhibida, progresiva, libre e ilimitada. Tiene el control total de su osadía y su genio, y no se preocupa por lo que puedan pensar los demás. La luna solo sobrepasa los límites una vez a lo largo de una década. Luego, en ciclos de nueve o diez años, traspasa los límites varias veces al mes. (La luna permanece dentro de los límites desde 2011 y allí se quedará hasta 2020).

---

* Hay House Publishers, Basics Series.

¿Qué es un lunasticio mayor?

Se conoce como lunasticio mayor al momento en el que la luna alcanza su declinación máxima de +28° al norte y al sur. La última vez que ocurrió fue en 2006 y la próxima será en 2024-2025.

¿Qué es una superluna?

Una superluna es una luna nueva o una luna llena que coincide estrechamente con el perigeo, es decir, el punto más cercano de la luna a la Tierra durante su órbita mensual. Cada año hay entre cuatro y seis superlunas. Estas lunas son muy impactantes cuando afectan a tu propia luna personal en tu carta natal.

¿Qué es una luna azul?

«Había una vez una luna azul»… ningún libro sobre la luna estaría completo si no mencionara las lunas azules. Normalmente hay tres lunas llenas entre un equinoccio y un solsticio (o viceversa). Sin embargo, en algunas ocasiones puede haber cuatro lunas llenas en una sola estación. Cuando ocurre eso, la tercera de esas cuatro lunas llenas se conoce como luna azul. Por definición, la última luna azul tuvo lugar el 18 de mayo de 2019.

Esa era la definición original de una luna azul, pero últimamente ha surgido una nueva: una luna azul también puede ser la segunda luna llena de un mes del calendario que tiene dos lunas llenas. Esto sucede con mucha mayor frecuencia. Ningún tipo de luna azul tiene una importancia astrológica particular.

Ten en cuenta que a veces tenemos dos lunas llenas consecutivas en el mismo signo, pero estas no se conocen oficialmente como lunas azules. No obstante, esto ocurre rara vez y es muy posible que tenga una mayor importancia astrológica. Es como una llamada a la acción que tiene un impacto doble en tu carta natal.

¿Cuál es el mejor momento para...?

Si no quieres que tu cabello crezca demasiado rápidamente, debes cortarlo durante la fase de la luna balsámica. Lo mismo puede aplicarse a las uñas, a las hierbas y a las plantas. Piensa qué semillas deseas plantar en tu jardín o huerto durante la próxima fase de luna nueva. (Yo no soy jardinera, de manera que para los temas relacionados con el jardín o el huerto te invito a entrar en la siguiente página web: www.gardeningbythe moon.com). Las intervenciones quirúrgicas también son menos traumáticas cuando se practican en este ciclo de la luna, porque en esta fase se produce menos pérdida de sangre. Y, además, a la vuelta de la esquina está la luna nueva, que potenciará la curación.

¿Cuándo se producen los eclipses?

Un eclipse que tiene lugar en la fase de la luna nueva es un eclipse solar, y un eclipse que se produce en el tiempo de la luna llena es un eclipse lunar. Un día me gustaría escribir un libro sobre los eclipses, pues creo que es un tema fascinante. No obstante, de momento solo necesitas saber que si tienes un eclipse de luna nueva o de luna llena en alguna parte de tu carta natal, te beneficiarás todavía más de los efectos que ejercen la luna nueva o la luna llena.

Los eclipses abren los portales a otro futuro en la parte de nuestra vida que es activada. A nosotros nos corresponde pasar a través de ellos o abstenernos de hacerlo. El Universo cambia de velocidad y algunos eventos nos empujan a volver a nuestro camino verdadero y correcto, estemos o no preparados para hacerlo.

Basta con decir que en los tiempos más remotos, la gente tenía miedo de los eclipses. Los cielos se tornaban oscuros, los perros empezaban a aullar y, como es comprensible, las personas se asustaban. Una vez pasado el eclipse, adjudicaban cualquier mal que sucediera en su vida o en su comunidad a aquel «peligroso día en que los cielos se habían oscurecido».

En la actualidad podemos predecir los eclipses, de manera que nadie se ve sorprendido por ellos. Y, en realidad, los astrólogos más modernos consideran que los eclipses son presagios sorprendentes de un cambio potencial. Piénsalo de la siguiente manera: llegas a la Tierra con una tarea para realizar. Básicamente, tu alma tiene una misión y tu vida un propósito. No obstante, por lo general nos resulta más fácil prestar atención a nuestro ego que a nuestra alma.

La vida (y el amor) hace que nos distraigamos y nos desviemos con mucha facilidad y antes de que podamos darnos cuenta nos hemos apartado de nuestro camino. Normalmente, cuando sucede esto la vida nos parece muy dura. Sabemos que no estamos viviendo como deberíamos. Nos enredamos en relaciones tóxicas o nos dejamos atrapar por trabajos que agotan nuestras energías. ¡No somos capaces de fluir con la vida!

¿Y luego qué? Llegan los eclipses y nos devuelven al sitio exacto donde debemos estar. Es así de simple. El problema es que a veces nuestros egos no están conformes con estos cambios de la vida que no están programados. Lo que sucede durante un eclipse puede ser todo un desafío. Sin embargo, casi siempre trabajan a nuestro favor y para sacar lo mejor de nosotros mismos. (La forma de conseguir que un eclipse sea más fácil de gestionar es evitar aferrarte al pasado).

Segunda parte

CREA LA VIDA DE TUS SUEÑOS CON LA LUNA NUEVA

Trabajar con la luna cuando estás manifestando tus deseos es una clave para el éxito. En teoría puedes materializar tus sueños en cualquier momento, en cualquier lugar, con las intenciones y el compromiso adecuados; sin embargo, realizar tu «trabajo de manifestación» en sintonía con la luna contribuye a que todo el proceso sea mucho más potente.

Capítulo 3

Pide tus deseos en luna nueva

Hemos llegado a una de las partes más fascinantes del libro: la manifestación de los deseos en luna nueva. Estás a punto de aprender cómo realizar una práctica muy poderosa.

Esencialmente, el hecho de manifestar los deseos en luna nueva nos recuerda una vez al mes que debemos tener muy claro cuáles son nuestros sueños y nuestros objetivos, y apuntarlos o dibujarlos. Me gusta llamar a este proceso «expresar mis deseos en luna nueva». No obstante, a algunas personas la idea de «expresar deseos» les parece un poco ñoña y prefieren decir que «están definiendo intenciones», algo que suena más adulto y formal.

Personalmente, considero que los deseos y las intenciones son dos cosas muy diferentes, aunque realmente van de la mano. A mí me gusta expresar mis deseos y definir mis intenciones para el mes que tengo por delante. Y también me gusta la idea de *comprometerme* con algún proyecto durante la luna nueva.

De cualquier modo, la forma de referirte al hecho de manifestar tus deseos en luna nueva no es realmente importante. Eso depende de ti. Lo principal es que te sientas a gusto con tus deseos *y que los materialices*. Como ya he dicho, yo prefiero la idea de expresar «deseos», y por eso hablo principalmente en esos términos a lo largo de este capítulo.

EL SECRETO DE DEFINIR TUS DESEOS DURANTE LA LUNA NUEVA

El secreto para expresar deseos o definir intenciones es asegurarse de *que proceden del corazón y que tienes la sensación de que ya se han hecho realidad*. Lee una vez más la oración anterior. El secreto para expresar deseos o establecer intenciones es asegurarse de *que proceden del corazón y que tienes la sensación de que ya se han hecho realidad*.

Esto es algo que muchas personas no comprenden. Podemos repetir afirmaciones y hacer tablas de visualizaciones al infinito, pero si los deseos no nacen del corazón y no sentimos que *ya hemos recibido lo que anhelamos*, solo estamos perdiendo el tiempo. Es crucial que lo entiendas desde el principio. Otras claves para el éxito son:

- Finge hasta que lo consigas. En otras palabras, simula ante ti mismo que tus sueños ya se han hecho realidad. Experimenta la sensación del deseo cumplido. Disfruta de esa sensación.
- Reflexiona sobre lo que deseas y olvídate de lo que *no* deseas.
- Escribe o dibuja lo que deseas y olvídate de lo que *no* deseas.

Nosotros los humanos no siempre somos conscientes de nuestro poder. Sin embargo, una vez que comenzamos a conectarnos con la luna y a trabajar con los ciclos lunares, nuestro poder se torna impresionantemente obvio. Acaso lo más importante que hay que recordar en relación con la manifestación de deseos durante la luna nueva sea que *no puedes obtener lo que deseas hasta que realmente sepas qué es lo que deseas*. Así es sencillamente como funciona la vida.

Cuando *realmente tenemos claro* lo que deseamos, es mucho más factible que seamos capaces de hacer realidad nuestros sueños con la ayuda conspiradora del Universo. De hecho, lo que hacemos cuando expresamos deseos o definimos intenciones durante la fase de la luna nueva es aclararnos sobre lo que deseamos. De la misma forma que una lista nos ayuda a hacer la compra, escribir una lista de deseos nos ayuda a manifestarlos.

☾ ¿Qué ocurre si no sé qué es lo que deseo?

Esto es complicado, y la respuesta es «dirigirte hacia tu interior». Pide al Universo, a Dios, a la Diosa, a tu ser superior, a tus arcángeles, a tus guías, o a quienquiera que sientas que puede ayudarte, que te guíe para esclarecer tus deseos. También pregúntate a ti mismo: «¿Qué es lo que quiero?». Hazte esta pregunta una y otra vez a lo largo del día, o al inicio o al final de tus meditaciones. Si eres perseverante, ten por seguro que la respuesta llegará a ti. Presta atención a los mensajes, pensamientos e ideas que se filtran en tu mente. Pero si no deseas hacerlo solo, solicita que un nuevo maestro espiritual llegue a tu vida.

Cómo expresar tus deseos durante la luna nueva: las reglas de oro

Antes de enseñarte cómo expresar tus deseos en la fase de la luna nueva, me gustaría compartir contigo las reglas de oro que he desarrollado a lo largo del proceso con el paso de los años. Estas reglas han sido muy efectivas para mí, así como para los miles de personas a las cuales he enseñado a manifestar sus anhelos. No puedo decir categóricamente que tus deseos no se harán realidad si no te atienes a las siguientes indicaciones, pero como podrás comprobar la idea general es que lo que desees sea positivo para ti y para otras personas.

▶ *Expresa tu deseo sobre cualquier*
cosa que anheles conseguir

Puedes desear cualquier cosa y la obtendrás tan pronto como creas que puede ser tuya.

▶ *Avanza con pasos pequeños*

Tus deseos pueden ser tan alocados como tú quieras (recuerda que podrás alcanzarlos si crees en ellos) pero en ese caso es de gran ayuda avanzar hacia ellos dando pasos pequeños. Por ejemplo, en mis talleres para pedir deseos y definir intenciones durante la luna nueva, invito a los participantes a compartir sus deseos con el grupo y en algunas ocasiones alguno de ellos que no tiene trabajo escribe: «Deseo tener mi propia casa» o «Deseo ganar la lotería».

En el primer ejemplo, mi consejo para el participante sería: «Primero debes desear encontrar un trabajo, para poder ganar el dinero necesario para comprar una casa». Y en el segundo ejemplo diría: «Bueno, *puedes* desear ganar la lotería, pero creo que en el fondo de tu mente albergas dudas de que eso pueda ocurrir, ya que sabes que las probabilidades están en tu contra. Para decirlo de otra manera, tus oportunidades de encontrar un trabajo son mucho, pero mucho, mayores. Dicho esto, podrías expresar tu deseo de encontrar un trabajo *y* ganar la lotería».

Ahora vamos a analizar un deseo «material» semejante al anterior. Imagina que tu sueño es tener un Mercedes último modelo, pero en este momento no tienes mucho dinero disponible. Es difícil pasar de estar arruinado a ser propietario de un Mercedes; no es imposible, pero es bastante complicado. Recuerda, uno de los secretos de expresar los deseos durante la luna nueva es simplemente *creer* que lo que aspiras obtener, o lo que pretendes hacer, es posible y está a tu alcance. De manera que en este ejemplo, podemos descomponer el deseo en pequeños pasos:

Pasar de estar arruinado a → tener una bicicleta → tener un coche económico de segunda mano → tener un Mercedes de segunda mano → tener un Mercedes último modelo.

Por tanto, pienso que para alcanzar un sueño en particular se necesita tiempo... y varias lunas nuevas. Hay algunas cosas prácticas que se pueden hacer en el trayecto que va desde estar arruinado a ser el dueño de un Mercedes último modelo, y no puedes prescindir de ninguna de ellas. Para decirlo claramente: cuando expresamos deseos, nos estamos manifestando (y esa es la magia) pero, a menos que estemos increíblemente dotados, simplemente no podemos pasar por alto las leyes de la física. Y además estamos limitados por lo que *creemos* que es posible.

Cuando comienzas a verbalizar tus deseos en luna nueva, puedes atraer unas señales que no deberías ignorar. Pongamos por ejemplo que has deseado estar más cerca de tener un nuevo y flamante Mercedes y al día siguiente encuentras un folleto de la empresa Mercedes en tu buzón. Sí, esa es una señal. Significa que estás más cerca de tu sueño. Otra posibilidad es que un amigo te pida que cuides su Mercedes mientras está de vacaciones. Ahora te encuentras todavía más cerca de tu deseo. En este viaje es preciso tener mucha paciencia y fe.

▶ *Expresa el deseo de experimentar una «sensación»*

Hemos de preguntarnos si deberías desear un Mercedes (o cualquier otro objeto material) como primera opción. Se podría argumentar que desear un bien material (sea un coche, una casa en el campo o cualquier otra cosa de ese tipo) es malgastar de una manera codiciosa e ilusoria tus poderes de manifestación. Cualquier persona que sea muy rica te dirá que poseer objetos no da la felicidad. Como es evidente, puedes sentirte muy satisfecho de tener un televisor plano de cincuenta pulgadas durante unos días, pero poco tiempo después se convertirá simplemente en un elemento más de tu mobiliario.

De manera que a largo plazo las posesiones materiales no nos procuran la felicidad. ¿Es verdad, o no? Quizás seas una persona a la que le gusta estar en casa y nada te da más alegría que sentarte con tu gato, o con tu pareja y tus hijos, en el sofá el viernes por la noche para ver una película. En ese caso, ¿podría ser comprensible el deseo de tener un televisor con pantalla grande?

Creo que siempre que tengas en cuenta que poseer objetos materiales no da la felicidad, puedes desear lo que se te antoje e ignorar los comentarios de quienes te critiquen. Dicho esto, también es verdad que, por ejemplo, cuando aspiramos a tener un televisor con pantalla gigante, lo que realmente estamos deseando es la *sensación* que experimentamos cuando lo miramos. A algunos de nosotros esa sensación nos indica que ha merecido la pena trabajar tanto para conseguir el dinero necesario para adquirir ese televisor, o puede representar la agradable sensación que nos procuran los momentos felices que pasamos en familia.

Si realmente ya sabes que lo que deseas es sentirte más optimista respecto de tu propia persona, potenciar tu autoestima o disfrutar de momentos más felices con tu familia en casa, es mejor que expreses el deseo de experimentar esa sensación, en lugar de pedir un «objeto».

También podrías dedicarte a hacer un autoanálisis mientras repasas tus deseos mensuales de luna nueva. ¿Cuál fue tu motivación para desear algo? ¿Era una sensación que anhelabas tener o un vacío que intentabas llenar? Lo ideal es que tus deseos sean una extensión de tu propia *joie de vivre.*[*] En otras palabras, que sean un complemento para ser más feliz.

Para resumir, ¿es realmente adecuado desear tener una casa grande y lujosa en la cual disfrutar con la familia y los amigos? Sí, siempre que lo desees *verdaderamente*. Y siempre que lo desees porque te *encanta* pensar en ello, porque sientes que te hará feliz.

---

[*] N. de la T.: la alegría de vivir (en francés en el original).

Pero si tu motivación para desear una casa espaciosa está basada en la envidia, es decir, en el deseo de tener lo que tiene otra persona, eso no es bueno. Por un lado, la envidia no es sana, y por lo tanto debes plantearte trabajar para liberarte de ella. Y por el otro, la envidia bloquea la gratitud, y para manifestar es necesario estar agradecido. Lo más importante en el momento en que expresas tus deseos es sentir gratitud por lo que ya tienes. Más adelante te hablaré más sobre este tema.

▶ No expreses un deseo relacionado con una persona específica

¿Es correcto desear a la pareja de otra persona, es decir, querer que sea tu novia, novio, marido o mujer? Respuesta breve: no. ¿Puedes desear a alguien que no tiene ningún compromiso afectivo? La respuesta es sí. Puedes pedir que esa persona se fije en ti aunque no debes olvidar que todos tenemos libre albedrío, de manera que sencillamente no puedes pretender que alguien llegue a tu vida por un deseo que has expresado durante la luna nueva. La otra persona tiene que desear estar a tu lado.

Si inviertes suficiente energía, un escenario posible sería que pidieras el deseo de encontrarte con alguien en particular y luego definieras la intención de invitarlo a salir (y conseguir que acepte la invitación). Pero, como es evidente, le corresponde a esa persona decidir si acepta tu invitación o no. ¿Comprendes lo que quiero decir?

¿Y qué ocurre si tu deseo es tener una relación con Leonardo DiCaprio, Justin Bieber o Jennifer Lawrence? Bueno, puedes pedir ese deseo siempre y cuando creas que realmente hay alguna posibilidad de conseguirlo y siempre que exista algún tipo de relación entre tú y ellos. En caso contrario, es más que probable que sea una pérdida de tiempo y que además desperdicies la oportunidad de formular deseos durante la luna nueva que puedan llegar a cumplirse.

❱ *No pidas que otra persona cambie*

Lamentablemente, los deseos que expreses durante la luna nueva no pueden transformar mágicamente a un sapo o a una rana en un príncipe o una princesa encantadores. Es verdaderamente importante que comprendas esto antes de que empieces a definir tus deseos. No puedes convertir a un chico malo pero con un encanto especial, en un *boy scout* angelical, a menos que él *quiera* convertirse en eso. Lo mismo se aplica a las chicas malas o peligrosas. Tus deseos de luna nueva no pueden interferir en el libre albedrío de otra persona.

Y todo esto se aplica con más razón si estás viviendo una relación donde impera el abuso o el maltrato. En lugar de desear que tu pareja cambie, expresa el deseo de tener el coraje para abandonarla. Lo esencial es que comprendas que *tú* no puedes cambiar a las personas, ellas tienen que querer cambiarse a sí mismas. Este es un cliché que ignoramos con demasiada frecuencia.

❱ *Confía en que mereces que tus sueños se hagan realidad*

Una pregunta importante que debes formularte de vez en cuando al iniciarte en el viaje de definir mensualmente tus deseos durante la luna nueva es: «¿Creo que me merezco recibir lo que estoy pidiendo?». Es lamentable que muchos de nosotros hayamos tenido padres que no nos respaldaron tanto como debían haberlo hecho, y como adultos ahora nos preguntamos si tenemos derecho a disfrutar de prácticamente *cualquier cosa*.

Hazte las siguientes preguntas. En un nivel emocional: ¿crees que mereces las maravillosas relaciones de amistad y amor que incluyes en tu lista de deseos? En un nivel económico: ¿crees que el dinero es algo negativo? (Si la respuesta es afirmativa, evidentemente no conseguirás atraerlo).

☽ *Trabaja con la ley de la intención y del deseo*

Cuando entras en sintonía con la luna nueva para expresar tus deseos, estás activando lo que el maestro Deepak Chopra denomina *la ley de la intención y del deseo*. Esta ley sostiene que «el futuro se crea en el presente».

Hay muchas personas inteligentes que podrían esgrimir una serie de argumentos en contra de la astrología, pero incluso ellas aceptarían el concepto de Chopra. Creo que la luna nueva es un indicador realmente maravilloso que una vez al mes llega como un reloj para recordarnos que es el momento de volver a alinearnos con nuestros deseos e intenciones.

▶ Medita

Cuando comiences a utilizar mi guía para pedir deseos durante la luna nueva (la encontrarás en la página 64), comprobarás que la meditación es el punto final esencial del proceso. Antes de que empieces a practicarla, me gustaría explicarte por qué es tan importante la meditación. La razón es muy simple: cuando expresamos deseos durante la fase de la luna nueva, ya comenzamos a manifestarlos. Es fundamental tener claro lo que deseamos porque al expresarlo de una manera efectiva, el efecto puede ser muy potente.

Piensa en ti mismo como si fueras una radio: cuando expresas tus deseos, son como ondas de radio que emanan de ti. Tus deseos son tu forma de hacerle saber lo que quieres al Universo (¡y el Universo es benevolente y está de tu parte!). Y cuando meditas después de lanzar tu petición, la señal se torna cada vez más clara porque la meditación puede reducir la ansiedad, hacerte más feliz e incluso reestructurar tu cerebro de una forma verdaderamente positiva. Si quieres una prueba de esto, sigue leyendo.

Un estudio realizado en 2011 en Estados Unidos por un equipo del Hospital General de Massachusetts, asociado a la Universidad de

Harvard, descubrió que la meditación modifica realmente la forma del cerebro. Durante un período de ocho semanas los estudiantes que participaron en el estudio pasaron una media de veintisiete minutos diarios meditando. Al final del estudio, las imágenes de una resonancia magnética del cerebro de los participantes mostraron que la meditación había producido un aumento de la densidad de materia gris en el hipocampo, la parte del cerebro asociada al aprendizaje, la memoria, la autoconciencia, la compasión y la introspección.

Los participantes también informaron de que se sentían menos estresados, lo que se correlacionaba con el hallazgo de que se había reducido la densidad de materia gris en la amígdala, una parte del cerebro que desempeña un rol importante en la regulación de la ansiedad y el estrés.

Pero ¿qué tiene que ver todo esto con los deseos expresados durante la luna nueva? Muy sencillo: cuanto más relajados y libres de estrés nos encontremos, más capaces seremos de materializarlos. No es suficiente con sentarse y expresar los deseos una vez al mes en la fase de la luna nueva y luego seguir llevando una vida caótica. ¿Te sorprende esta afirmación? Sin embargo, en cierto sentido y a un nivel muy profundo, has comprado este libro porque sabías que necesitabas esta información.

Tener una vida armoniosa en la que convivimos con los demás de la forma más amigable posible es la manera de materializar esa vida con la que soñamos. Te sorprendería saber todas las cosas maravillosas que comienzan a suceder en cuanto empiezas a conectar con tu ser divino, porque eso es esencialmente lo que haces cuando meditas.

Tu ser divino es la parte de ti que todavía está conectada con el cielo. Quizás hayas leído que todos somos «seres multidimensionales». Eso se debe a que estamos en la tercera dimensión y sin embargo seguimos conectados con nuestros «seres superiores», que se encuentran en dimensiones superiores. Cuanto más conectados estemos con nuestro ser divino, o ser superior, más capaces seremos de expresar mejor nuestros deseos en este mundo físico.

Una vez dicho esto, ¿conseguirán hacerse realidad los deseos que expreses durante la luna nueva si no meditas? Es probable, pero el proceso posiblemente se desarrollará con menor fluidez. Además, la meditación te ayudará a descubrir lo que verdaderamente deseas, en lugar de simplemente expresar un deseo frívolo o superficial.

☾ Cómo meditar en nueve pasos sencillos

Si nunca has meditado, aquí encontrarás una guía breve que puedes incorporar al proceso de expresar tus deseos durante la luna nueva. Si prefieres que alguien te guíe mientras meditas, puedes encontrar una guía de audio totalmente gratuita en www.moonologybook.com/meditation, buscar vídeos de meditación en Youtube o pedirle a algún amigo o amiga que medita que te enseñe cómo hacerlo. Hoy en día existen muchas más formas de meditar, y también muchos más maestros de meditación, que antes. Esencialmente, se trata de un proceso muy simple que te ayudará a manifestar tus sueños.

Realiza los siguientes pasos una o dos veces al día, durante quince minutos cada vez:

1. Desconecta tu teléfono y encuentra un sitio cómodo y silencioso para sentarte.
2. Cierra los ojos y comienza a tomar conciencia del ritmo de tu respiración.
3. Escucha los sonidos que hay en la habitación y luego vuelve a escuchar tu respiración.
4. Escucha los sonidos que hay fuera de la habitación y luego vuelve a escuchar tu respiración.

5. Identifica los pensamientos que surgen en tu mente y luego vuelve a escuchar tu respiración.

6. Piensa en un mantra* y repítelo, puede ser mentalmente o en voz alta.

7. Después de realizar durante quince minutos los pasos 1 a 6, piensa en algo o alguien por lo que sientes mucha gratitud.

8. Pregúntate: «¿Qué es lo que quiero?» y observa qué surge en tu mente.

9. Abre los ojos, frota las manos y colócalas sobre el rostro o el corazón.

▶ Libérate del apego a tus deseos

Hay una última cosa que debes tener en cuenta antes de comenzar a expresar tus deseos de luna nueva. Si bien es importante saber claramente lo que deseas, lo paradójico es que no deberías apegarte demasiado a tus sueños porque es posible que el Universo tenga una idea que sea mejor que la tuya.

¿Te has dado cuenta de que en la vida a veces puedes desear desesperadamente X, y sin embargo aparece Y? En contra de lo que podrías haber imaginado, resulta que Y es mejor que X, y todo sale mejor de lo esperado. Eso es lo que ocurre cuando el Universo tiene idea mejor. Y también por ese motivo, después de haber expresado nuestros deseos debemos evitar apegarnos a ellos. Esto podemos hacerlo pronunciando una frase como: «Por el bien de todos o de ninguna manera». De esta forma le comunicas al Universo que eso es lo que deseas, pero únicamente si es en provecho de todos.

Yo suelo cantar la frase *Om Namo Narayani* después de expresar mis deseos en la fase de la luna nueva. Son palabras sánscritas (el sánscrito presumiblemente es el idioma más antiguo del mundo y

---

* Un mantra es una palabra o un sonido que se repite mentalmente o en voz alta durante la meditación. Puedes buscar mantras en Internet o conocerlos a través de un maestro de meditación. El sonido *Om* es el mantra más conocido.

el que hablan los arcángeles) que significan 'me entrego a la Divina Madre'. Después de todo, la madre es la que más sabe.

Puedes cantar *Om Namo Narayani* (que se pronuncia *Om Na-moe Na-RY-annee*), verbalizarlo o simplemente pensarlo, después de expresar tus deseos, durante tu meditación o cuando la hayas terminado. Incluso puedes introducir ese cántico en tu lista de deseos e intenciones. Otra de mis frases favoritas es: «Esto, o algo mejor, se manifiesta ahora para mí, en virtud de la gracia y en una forma perfecta». Cuando afirmamos que queremos algo y luego nos liberamos del apego de este modo, nuestros deseos se dirigen hacia el Universo, que luego nos devuelve algo bueno, o incluso mejor.

Liberarse de los apegos no tiene por qué ser algo que deba realizarse únicamente en la fase de la luna nueva. Puedes hacerlo cada día. Cuantos menos apegos tenemos con objetos y personas, mejor fluyen nuestras vidas. Cuando nos obsesionamos por algo o alguien, creamos una suerte de ancla energética que nos mantiene estancados. Al liberarnos de los deseos, levamos el ancla.

Además, ten en cuenta que cuando estás desesperado por conseguir algo o a alguien, lo más frecuente es que el objeto de tu deseo se aleje de tu vida. Cuando estamos ansiosos por tener algo o a alguien, de una forma totalmente inconsciente estamos afirmando que *no* lo poseemos. ¡Y cuanto más lo afirmamos, menos posibilidades tenemos de tenerlo! Así trabaja la ley de la atracción.

¿Qué es lo que está ocurriendo? ¿Acaso mientras expresamos nuestros deseos durante la luna nueva al mismo tiempo estamos renunciando a ellos? En efecto, eso es precisamente lo que hacemos. Yo sostengo que nosotros creamos nuestra propia realidad y que uno de nuestros desafíos en esta vida física es la capacidad de crear. No obstante, por encima de ello existe un poder superior que nos guía, independientemente de que lo llamemos Ser Superior, el Creador, el Universo, la Fuente o Dios.

Creo que si expresamos nuestros deseos al Universo con total claridad y somos capaces de imaginar firme y consistentemente que las cosas van a resultar como deseamos, todo lo que suceda será realmente para nuestro bien.

Es muy difícil cubrir todas las bases en todo momento, y el Universo se mueve de formas misteriosas. Yo pronuncio las palabras *Om Namo Narayani*, a sabiendas de que la Divina Madre es la que más sabe. Por una parte, esto significa ceder la responsabilidad y, por otra, implica entregarse. Y entregarse quiere decir confiar en que sucederá lo mejor.

CÓMO PEDIR DESEOS DURANTE LA LUNA NUEVA

Continúa con el proceso que describo a continuación lo más pronto posible después de la luna nueva (lo ideal es que sean ocho horas, aunque también puede ser hasta tres días). Para ver en qué día del mes aparece la luna nueva, puedes visitar mi sitio web, www.moonologybook.com/moontimes, o también, www.timeanddate.com/moon/phases, que es excelente.

Cómo expresar los deseos durante la luna nueva paso a paso

1. Dedica unos momentos a sentir gratitud por todo lo bueno que hay en tu vida. Luego piensa en las personas y situaciones que te han hecho más feliz. Apunta el nombre de cinco a diez personas o cosas que te hacen sentir feliz y por las cuales te has sentido agradecido el mes pasado. Envía amor a todos aquellos que aparecen en la lista.

2. Escucha música espiritual (ver sugerencias en la página 279). Enciende una vela o una barra de incienso. Relájate y céntrate en ti mismo, respirando suave y profundamente.

3. Decide cuáles son tus diez deseos o intenciones más importantes para las próximas cuatro semanas. Puedes ser tan específico o

tan ambiguo como desees. Decide también qué estás dispuesto a hacer con el fin de que tus deseos se hagan realidad. Si lo deseas, puedes visitar mi página web (www.moonologybook.com/NMworksheet) y registrarte para acceder a una hoja de datos en la que puedes escribir tus listas de deseos. También encontrarás un audio que te servirá de guía durante el proceso.

4. Ahora escribe, garabatea o dibuja tus diez deseos más importantes en una hoja de papel. Puedes utilizar un bolígrafo normal azul o negro, o un rotulador, pero también puedes usar lápices de colores o lápices negros: cuanta más energía inviertas en el proceso, mejores serán tus resultados.

5. A continuación lee tus deseos, uno por uno. Luego, y este es el paso crucial, visualiza que cada uno de los deseos se hacen realidad. Utiliza tu imaginación para verlo de verdad. Y luego trata de imaginar cómo te sentirías si el deseo se materializara o cómo te sentirás cuando se haga realidad. Imagínalo hasta que puedas verlo realmente. *Siente* el resultado en tu cuerpo, siente qué es lo que significa para ti que el deseo se haga realidad. ¿Estás a gusto?

6. Pronuncia una afirmación que respalde tu deseo y apúntala también en el papel. Por ejemplo, podrías escribir: «¡Estoy enamorado!», si lo que deseas es encontrar el amor. O: «¡Me encanta mi nuevo trabajo!», si quieres darle un impulso a tu carrera. Dedica tiempo suficiente a escribir tus afirmaciones.

7. Mira cada uno de los deseos de tu lista y luego califícalos del uno al cien, de acuerdo con sus probabilidades de materializarse. Sé totalmente sincero contigo mismo. El porcentaje que adjudiques a cada sueño o deseo corresponde en gran medida a las posibilidades de que se hagan realidad. De manera que si le das a un deseo una nota de sesenta, tendrá un sesenta por ciento de probabilidades de manifestarse. Si le das menos del cincuenta por ciento a cualquiera de tus deseos, tendrás que analizar más lo que piensas respecto de cada uno de ellos.

8. Luego dedícale a cada uno de los deseos un tiempo para reflexionar sobre cómo pretendes que se haga realidad. Por ejemplo, si lo que deseas es encontrar un nuevo trabajo, el primer paso sería preguntar a las personas de tu entorno o mirar los anuncios de ofertas de empleo. Si lo que quieres es tener una pareja, los dos evidentes primeros pasos serían, por ejemplo, pedirles a tus amigos que te presenten a alguien o registrarte en un sitio web de citas. Escribe cómo pretendes alcanzar cada deseo.

9. Finalmente, medita durante quince minutos. Libera tus sueños para que se dirijan hacia el Universo. Puedes seguir mi guía para la meditación de la página 61, o acceder a algún audio gratuito de posmeditación en www.moonologybook.com/meditation.

10. Termina tu meditación deshaciéndote del apego a tus deseos. Para hacerlo puedes decir: «Por el bien de todos o de ninguna manera», o entonar un cántico con las palabras *Om Namo Narayani* (Om Na-moe Na-RY-annee) tres veces. También puedes decir simplemente: «Que esto o algo mejor se manifieste ahora para mí, en virtud de la gracia y de una forma perfecta». Dilo con felicidad y confianza, experimenta la sensación de que eso realmente está ocurriendo, o al menos anticípate con entusiasmo a esa posibilidad. ¡Hurra!

11. Sigue adelante con el resto de la semana, con la seguridad que te brinda saber que has expresado tus deseos al Universo. Haz todo lo posible para que esos deseos se hagan realidad.

12. Cuando llegue la siguiente luna nueva busca tu lista de deseos del mes anterior, vuelve a leerla para ver cuál de ellos se ha materializado y luego agradece al Universo. Si parece evidente que uno o dos deseos no van a concretarse, considera la posibilidad de revisarlos. ¿A cuál de los deseos de tu lista te has acercado más?

Resumen

A continuación presento un resumen rápido y sencillo del proceso que debes seguir para pedir deseos durante la luna nueva:

- *Escribe* tus *diez deseos* más importantes para el mes.
- *Visualiza* y *siente* tus deseos en tu cuerpo. Escribe una afirmación para apuntalarlos.
- *Escribe* qué es lo que piensas hacer para conseguir que cada uno de tus deseos se materialice.
- *Medita* y luego *elimina tu apego* a esos deseos diciendo: «¡Por el bien de todos o de ninguna manera!» o recitando el mantra *Om Namo Narayan*.

Concentrarse, concentrarse y concentrarse

Si de verdad deseas algo, debes comprometerte a invertir al menos sesenta y ocho segundos, *todos los días o dos veces al día*, en una visualización completa y experimentando la sensación de que has alcanzado tu deseo; esa es la forma en que empezarás realmente a crearlo. Una manera muy efectiva de hacer este trabajo es escribir «líneas» de afirmaciones, algo parecido a cuando en los viejos tiempos se les pedía a los escolares que escribieran la misma oración una y otra vez. Apunta tus afirmaciones docenas de veces.

Yo hice este ejercicio durante unas vacaciones en las que nuestro vuelo fue cancelado a causa de una catástrofe natural en el país que íbamos a visitar. Nos dijeron que podíamos acercarnos al mostrador a pedir que nos reembolsaran el dinero, y yo pasé una hora larga escribiendo reiteradamente la siguiente oración: «Estoy encantada de recibir un reembolso total de nuestros billetes y del hotel».

Y adivina qué ocurrió: ¡Nos reembolsaron el total de los billetes de avión y del hotel!

Prueba a hacerlo con la afirmación mensual más importante que hayas expresado durante la luna nueva. El hecho de ponerla por escrito facilita que mantengas tu atención en ella durante esos sesenta y ocho importantes segundos. Imagina que les estás contando a tus amigos las buenas noticias mientras escribes.

Ejemplos de petición de deseos durante la luna nueva

A continuación doy algunas sugerencias para reunir las etapas de expresión de deseos/visualización/afirmación/intención. Ten en cuenta que «Yo soy» es una expresión especialmente potente, y te aconsejo incluirla en las afirmaciones. Siempre que puedas formula la afirmación para que comience con «Yo soy».

▶ *Ejemplo 1: te gustaría tener un coche nuevo*

Tu *deseo* podría ser:

- «Me gustaría tener un coche nuevo», y podrías añadir la marca u otros detalles, como por ejemplo el color o la potencia, o lunas eléctricas, manuales o automáticas.

Tu *visualización* podría ser:

- Verte conduciendo tu nuevo coche, quizás con la ventanilla abierta y mientras suena la radio, o cualquier otra cosa que te entusiasme.
- Si deseas el coche para llevar a pasear a tus hijos, puedes visualizarlos en el asiento trasero, sonriendo y comportándose bien.

- Algo que te haga sentir a gusto; por ejemplo, ofrecerte a llevar a alguien al aeropuerto en tu nuevo coche o recoger a una amiga que ha ido de compras.

Tu *afirmación* podría ser:
- «¡Me encanta mi nuevo coche, es fantástico!».
- «Estoy conduciendo mi maravilloso nuevo coche!».
- «¡He encontrado el coche perfecto!».

Tu *intención* o *compromiso* podrían ser:
- «Tengo la idea de preguntar a mis amigos si conocen a alguien que venda un coche».
- «He pensado mirar los anuncios de coches en Internet».
- «Me comprometo a ahorrar un poco de dinero cada semana para pagar los gastos asociados a mi nuevo coche, como por ejemplo, el seguro».

Recuerda que es crucial *experimentar realmente la sensación de que tu deseo ya se ha cumplido.*

¿Empiezas a comprender cómo funciona esto? He aquí algunos ejemplos más.

▶ *Ejemplo 2: estás soltero pero deseas estar en pareja*
Tu *deseo* podría ser:
- «Quiero encontrar un nuevo amor o pareja».
- «Quiero tener nuevas opciones amorosas».
- «Quiero encontrar un hombre o una mujer».

Tu *visualización* podría ser:
- Verte en una cita con la persona amada. ¿Qué *sensaciones corporales* tienes?
- Imaginar que estás caminando con la persona amada (si lo que te apetece es una relación de pareja estable).

- Observar cómo te sientes, tanto en un nivel energético como espiritual. Saborear la alegría y el amor.

Tu *afirmación* podría ser:
- «¡Estoy muy emocionado de haber encontrado una pareja!».
- «¡Estoy enamorado de mi pareja!».
- «¡Estoy con la pareja perfecta!».

Tu *intención* o *compromiso* podrían ser:
- «Tengo la intención de cuidar mi cuerpo para sentirme realmente a gusto conmigo mismo».
- «Me comprometo a salir un poco más, o navegar por Internet, con el fin de aumentar mis oportunidades de encontrar un nuevo amor».
- «Tengo la intención de dedicar algunos minutos cada día a visualizar que me siento feliz en los brazos de mi nuevo amor».

▶ *Ejemplo 3: quieres perder peso*
Tu *deseo* podría ser:
- «Quiero adelgazar X kilos».
- «Quiero poder usar un vestido de la talla cuarenta y dos».
- «Quiero tener una condición física óptima».

Tu *visualización* podría ser:
- Visualizar que llevas un vestido con tu talla ideal.
- Imaginar que has salido con tus amigos y llevas la ropa que te encantaría poder usar.
- Percibir cómo te sientes, tanto en un nivel energético como espiritual. Muy ágil y ligera.

Tu *afirmación* podría ser:
- «Estoy encantada de haber pedido X kilos».

- «¡Me encanta mi nueva figura!».
- «¡Tengo la talla perfecta!».

Tu *intención* o *compromiso* podrían ser:
- «Me he propuesto hacer ejercicio al menos veinte minutos cada día».
- «Intentaré tomar raciones más pequeñas durante las comidas».
- «Me comprometo a consumir alimentos más sanos».

◗ *Ejemplo 4: te gustaría tener éxito en tu trabajo*

Tu *deseo* podría ser:
- «Me gustaría encontrar algún buen curso o práctica que impulse mi carrera».
- «Deseo encontrar un buen trabajo».
- «Mi sueño es tener mi propia empresa».

Tu *visualización* podría ser:
- Imaginar que estás actuando con confianza en una entrevista de trabajo.
- Visualizar que estás atravesando la puerta de entrada de la empresa de tus sueños.
- Verte a ti mismo realizando las tareas asociadas a tu trabajo ideal.
- Percibir cómo te sientes, tanto en un nivel energético como espiritual. Saborear la alegría y la pasión.

Tu *afirmación* podría ser:
- «Estoy muy emocionado por haber encontrado un trabajo».
- «¡Me encanta mi nuevo trabajo!».
- «¡Soy muy bueno en mi nuevo trabajo!».

Tu *intención* o *compromiso* podrían ser:

- «Tengo la idea de buscar un puesto que me entusiasme en las páginas web de ofertas de trabajo».
- «Revisar mi currículum y actualizar mi guardarropa con el fin de dar una buena impresión en las entrevistas de trabajo».
- «He decidido investigar la compañía X antes de solicitar trabajo allí».
- «Me comprometo a pasar unos minutos cada día visualizando que trabajo en la empresa que he elegido».

Mente-cuerpo-espíritu: ese es el quid de la cuestión.

- **Pensar** (mente).
- **Sentir** (cuerpo).
- **Disfrutar** (espíritu).

Preguntas frecuentes sobre los deseos en luna nueva

A continuación ofrezco información más detallada sobre el proceso de expresar los deseos durante la luna nueva.

▶ ¿Qué debería hacer después con mi lista de deseos?

Puedes hacer lo que te apetezca. No obstante, algunos sostienen que una vez que hemos escrito nuestras listas de deseos, deberíamos quemarlas. Me gusta mucho esta idea porque es bastante drástica. Y por otra parte, se dice que cuando quemamos nuestras listas de deseos, liberamos la energía que hay en ellos (sí, por supuesto, los deseos tienen energía) en el éter, donde pueden convertirse en realidad. Para mí, en un nivel energético esto tiene pleno sentido.

Y si quieres liberarte del apego a la lista de deseos de luna nueva no hay nada que te ayude más que el hecho de quemarla. Si decides quemar la tuya, ¡hazlo en el fregadero de la cocina para no prender fuego a la casa durante el proceso! También puedes romperla, porque esto produce el efecto de hacerte olvidar tus deseos una vez que ya los has formulado.

No obstante, yo escribo mis deseos en una pequeña libreta, sencillamente porque soy de ese tipo de personas que necesitan pruebas. No hay nada mejor que encontrar en una libreta algunos deseos expresados durante la luna nueva después de semanas, meses o incluso años, y comprobar cuántos de todos ellos se han hecho realidad.

▶ ¿Puedo pedir un deseo para otra persona?

Por supuesto que sí; sin embargo, debes tener en cuenta dos cosas. En primer lugar, ¿por qué no expresas un deseo para ti? ¿Acaso no hay nada en tu vida que quieras mejorar o algo que quieras crear? ¿Tienes la sensación de que no te mereces tus deseos? Esta última pregunta requiere una respuesta. Es maravilloso pensar en los demás, pero también es importante pensar en nosotros mismos y respetarnos.

En segundo lugar, debemos recordar que podemos pedir todos los deseos que nos apetezca para otra persona, pero si eso no es lo que ellos desean no hay nada que podamos hacer para cambiarlo; y, por otra parte, ni siquiera deberíamos intentarlo. Como es evidente, si tú y un amigo estáis de acuerdo en que expreses algunos deseos para uno de los dos, o para ambos, eso reforzará el poder de manifestación del deseo.

▶ ¿Qué puedo hacer si mis deseos no se hacen realidad?

Si deseas y deseas y deseas algo pero tu deseo no se materializa y tú tampoco pareces estar avanzando en la dirección correcta, habrá llegado la hora de considerar si lo que has pedido es conveniente para ti. En cierta ocasión recibí un correo electrónico de un lector que durante más de un año había deseado que el amor de su vida se enamorara de él, pero la mujer en cuestión no había mostrado ningún interés. En este caso le comuniqué que era necesario reconsiderar ese deseo.

Algunas cosas sencillamente no tienen que suceder. Por esa razón, después de expresar nuestros deseos decimos: «¡Por el bien de todos o de ninguna manera!» o pronunciamos *Om Namo Narayani*. Confiamos en que el Universo haya tomado nota de nuestros mayores intereses. En una ocasión solicité un empleo que pensaba que realmente deseaba; era un magnífico trabajo temporal en una revista y el sueldo era muy bueno. Al mismo tiempo, encontré otro trabajo temporal *online* que despertó mi interés. Aunque también era muy bueno, el sueldo era mucho más bajo. Entonces pronuncié *Om Namo Narayani* y finalmente decidí elegir el trabajo *online*. Poco tiempo después la revista dejó de publicarse; sin embargo, el trabajo que elegí todavía sigue existiendo muchos años después.

▶ ¿Debería escribir «yo quiero» o «yo deseo»?

Puedes enunciar tus deseos de cualquier forma que te parezca conveniente para ti, no hay ninguna fórmula secreta que debas aprender. Lo más importante es tener claro *lo que deseas*; en cuanto lo sepas ya estarás a mitad de camino. Y por último, lo más importante es que apuntes tus deseos, que experimentes la sensación de que ya se han hecho realidad y que un mes más tarde compruebes cómo te ha ido.

▶ ¿Puedo expresar mis deseos junto a otras personas?

¡Claro que sí! De hecho, es una buena práctica que merece la pena adoptar porque la energía grupal puede fomentar realmente tu poder de manifestación. Muchas veces organizo encuentros nocturnos en cualquier ciudad en la que me encuentre para lanzar los deseos la noche siguiente a la luna nueva. Puedes encontrar información detallada sobre estos encuentros en mi página web, www.moonology.com.

También podrías organizar una fiesta en luna nueva para expresar deseos junto con otras personas. Invita a algunos amigos, sirve un aperitivo y expresad juntos vuestros deseos de luna nueva siguiendo paso a paso la guía proporcionada; utiliza lápices de colores y lápices negros para que tus listas de deseos sean todavía más hermosas. (Ten en cuenta que la luna nueva puede tener lugar por la mañana, al mediodía o por la noche... El mejor momento para lanzar tus deseos es lo más pronto posible después de que se produzca).

▶ ¿Mi carta astrológica personal puede tener incidencia sobre mis deseos?

Sí. Algo que quizás no hayas considerado es el hecho de que tu astrología personal puede afectar a tu capacidad para manifestar tus deseos. Si eres astrólogo, o estudias astrología, merece la pena tener en cuenta que lo que hay en tu carta natal, y todo lo que se encuentra en tránsito en un momento determinado, puede realmente tener influencia en tu capacidad para la manifestación.

Por ejemplo, si tienes a Saturno afligido* en tu sol, es posible que tengas menos confianza en tu capacidad para crear la vida de tus sueños. Como todos los astrólogos saben, Saturno puede provocar una gran negatividad y falta de confianza en uno mismo. Sin embargo, Saturno tiene también la capacidad de construir algo real y duradero; tenlo presente. También puedes ponerte como objetivo conseguir que todos los aspectos de tu carta natal y los tránsitos actuales sean positivos, para potenciar así la manifestación de tus deseos.

---

* N. de la T.: Un planeta está *afligido* cuando no está bien aspectado.

▶ *¿Tiene importancia que me encuentre en el*
hemisferio norte o el hemisferio sur?

En absoluto. Aunque la luna se vea de un modo distinto o parezca estar orientada en diferente dirección, dependiendo de en qué punto del planeta Tierra te encuentres, una luna nueva es siempre una luna nueva ¡y es un momento extraordinario para expresar nuestros deseos!

Capítulo 4

Planifica tu vida con la luna nueva

Ahora ya sabes cómo expresar tus deseos durante la fase de la luna nueva. Eso puede cambiar tu vida, y de hecho lo hará. Pero espera: ¡todavía tienes que hacer otro trabajo sorprendente en este ciclo de la luna! También puedes sintonizarte con la luna nueva cada mes para conseguir estar más conectado con el fluir cósmico. En otras palabras, puedes trabajar con las energías celestiales.

DE QUÉ MANERA LOS SIGNOS DEL ZODÍACO «DAN UN TOQUE DE SABOR» A LA LUNA NUEVA

Cada luna nueva cae en uno de los signos del Zodíaco y como resultado cada luna nueva adquiere un cierto «sabor» al asumir las cualidades del signo en el que se encuentra. Por ejemplo, Géminis es un signo muy conversador, de manera que la vibración es más locuaz cuando tenemos la luna en Géminis. La luna nueva en Géminis nos ofrece una ocasión maravillosa para centrarnos en lo que estamos diciendo, observar si estamos escuchando bien y si estamos entendiendo el mensaje que recibimos, etc.

La luna nueva en Virgo ayuda a poner en orden las cosas (a Virgo le encanta la organización). Por tanto, es un período ideal para organizarnos. Y la luna nueva en Capricornio es un momento perfecto para resolver nuestra carrera y nuestras ambiciones (Capricornio es un signo muy ambicioso).

Básicamente lo que necesitas saber es que cada luna nueva trae energías que podemos aprovechar. Conectar con estas energías forma parte de lo que significa «vivir conscientemente»: ser consciente de las energías nos sintoniza con el cosmos.

A continuación ofrezco más información para todos aquellos que tengan una mente más técnica; si lo prefieres, puedes pasarlo por alto.

La luna nueva en los doce signos zodiacales

La luna nueva tiene lugar cuando el sol y la luna se encuentran simultáneamente en el mismo grado del Zodíaco. El sol tarda un mes en atravesar un signo y doce meses en desplazarse a través de los doce signos. En comparación, la luna es mucho más veloz y tarda solamente un poco más de dos días en atravesar cada signo y un mes en desplazarse a través de los doce signos.

Esto significa que una vez al mes la luna alcanza al sol y estamos en la fase de la luna nueva. De manera que, por ejemplo, cuando tus amigos de Cáncer están celebrando sus cumpleaños, el sol se encuentra en Cáncer y la luna nueva tendrá lugar en Cáncer. Lo mismo se puede aplicar a todos los signos.

No necesitas tener muchos conocimientos sobre astrología para descubrir en qué signo se encuentra la luna: puedes consultarlo en mi página web, www.moonologybook.com/moondates, o en ww.timeanddate.com/moon/phases, o incluso en Facebook si sigues a algún astrólogo.

UNA GUÍA PARA LA LUNA NUEVA EN CADA UNO DE LOS SIGNOS ZODIACALES

A continuación encontrarás una guía de las **cinco cosas más importantes que debes hacer** en el momento en que la luna nueva se encuentra en cada uno de los signos. Si planificas tus actividades cotidianas de acuerdo con la luna nueva, notarás que te dejas llevar con el fluir de la vida. Ten en cuenta que los consejos que ofrezco en mi guía se aplican a *todos nosotros*, independientemente de nuestra carta astrológica personal. La razón es que esta es una lunación (que en este caso corresponde a la luna nueva) en un signo particular y, por lo tanto, tiene el «sabor» propio de ese signo, sin que importe en qué signo solar o signo ascendente nos encontremos.

La idea es conectarse con las doce lunas nuevas para que la magia se produzca en casi todas las áreas de tu vida: la luna nueva y las leyes de la atracción y la intención son excelentes aliadas.

Además, ten en cuenta que en todos los casos puedes aplicar la siguiente información sobre la luna nueva a un eclipse solar, también llamado eclipse de luna nueva. Para que lo entiendas mejor, imagínate que la luna nueva está en Aries, lo que significa que es un buen momento del año para trabajar con nuestro coraje, es decir, para intentar ser más valientes y eliminar la timidez. Y cuando se produce un eclipse de luna nueva en Aries, eso no solo es una buena idea, sino que es verdaderamente una idea excelente, ¡o incluso una idea fundamental! Los eclipses son como lunas nuevas con esteroides. Definitivamente, merece la pena seguirlos a través de los signos y de las casas de tu carta natal (nos ocuparemos de este tema más adelante).

Por favor, ten en cuenta que los meses que se indican debajo de cada luna nueva son *aproximados*, ya que las fechas cambian ligeramente cada año.

La luna nueva (o eclipse solar) en Aries ♈

(Entre finales de marzo y finales de abril)

▶ 1. Pasa a la acción

La luna nueva en Aries marca el inicio del ciclo de la luna, porque Aries es el primer signo del Zodíaco. El tiempo de soñar ya se ha acabado y ha llegado la hora de pasar a la acción. Cuando se trata de expresar tus deseos de luna nueva, ya has hecho borrón y cuenta nueva: si te has relajado un poco, es el momento de ponerte manos a la obra.

▶ 2. Organiza un plan de doce meses

Este es un momento maravilloso para hacer planes para el año que tienes por delante. Si estás en pareja, puedes hacer un plan para ti y otro para ti y tu pareja. Ninguno de los dos interferirá en el otro. La energía de Aries es realmente impulsiva, así que podrías pensar que este es un momento energéticamente muy potente para hacer planes, pero recuerda que con un poco de disciplina todo es posible. La energía entusiasta y apasionada de Aries es excelente para infundir impulso y determinación a tus planes.

▶ 3. Sé valiente

Si has sido demasiado tímido y necesitas coraje para avanzar en todo aquello a lo que estás enfrentándote, incluye eso en tu lista de deseos. Aries está conectado con el valiente Marte y las energías que hay en la luna nueva de Aries así lo reflejan. Piensa que puedes ser más osado en esta vida y trabaja para lograrlo. La audacia de Aries consiste en lanzarse a por las cosas sin tener demasiada cautela en relación con los resultados. Si aspiras a ser un poco más impetuoso en tu vida cotidiana, este es el momento ideal para incorporarla.

◗ 4. ¡Pásalo bien!

¿Te estás divirtiendo? ¿Eres espontáneo con suficiente frecuencia? Si la respuesta es negativa, reflexiona sobre ello y luego decídete a pasarlo mejor en las próximas semanas. Aries es el niño del Zodíaco y ahora es un buen momento para recordarte a ti mismo que debes conectarte con tu niño interior.

◗ 5. Concéntrate en ti mismo

Esta es también una época para concentrarte en ti mismo y en tus necesidades, pensar hacia dónde te estás dirigiendo, etc. Si sueles modificar algo en tu vida, como puede ser renovar tu guardarropa o tu página web una vez al año, este es el momento de hacerlo. Aries es tradicionalmente el signo inicial, entre otras razones porque es el niño del Zodíaco: mientras se prepara para atravesar la puerta de salida, está pletórico de energía y vigor, y no le preocupa en absoluto si lo va a hacer demasiado rápido. ¡Sencillamente lo hace! ¡Zafarrancho de combate!

La luna nueva (o eclipse solar) en Tauro ♉
(Entre finales de abril y finales de mayo)

◗ 1. Realiza una previsión financiera

Una de las cosas más evidentes y quizás de las más útiles que se pueden hacer cuando la luna nueva se encuentra en Tauro es analizar cuidadosamente la situación económica. El dinero al contado, las propiedades y las posesiones están en el centro de la atención en este momento del año. *Dinero* no es una palabra fea, a menos que tú la conviertas en eso, de manera que dedícate a reflexionar sobre tu situación económica y haz una previsión sobre cómo será a finales del año. ¿Puedes aumentar la cantidad de dinero que ahorras cada semana?

▶ 2. Ámate a ti mismo

Uno de los temas más importantes para abordar en este momento del año es la confianza que tienes en ti mismo, tu autoestima. Pregúntate qué es lo que valoras de tu persona y qué es lo que valoras en general. Si no tienes una buena opinión de ti mismo, es razonable que los demás tampoco la tengan. Haz una lista de las cinco cosas más importantes para ti. ¿Estás viviendo tu vida de una forma que te permite concentrarte en esas cosas? Si la respuesta es negativa, ¿qué puedes hacer para remediarlo? (No se admite la respuesta «nada»).

▶ 3. Sé sensual

Este es un momento maravilloso para relajarse, si es que puedes hacerlo. Tauro puede ser un toro dispuesto a embestir en algunas ocasiones, pero su energía también se relaciona con un toro satisfecho en el campo, rumiando su alimento y disfrutando de la tibieza del sol en el lomo. Utiliza la luna nueva de Tauro para revisar tu vida. Pregúntate: «¿De qué forma conseguiría que mi vida fuera mejor?». ¿Puedes encontrar una manera de procurarte mayores comodidades? La luna nueva en Tauro también es sensual, de modo que utiliza este mes para excitar tus sentidos y a ti mismo en general. Recibe un masaje. Come bien. Duerme hasta tarde. Tauro está asociado a sentirte a gusto en tu propio cuerpo y gobierna las sensaciones y los placeres físicos deliciosos que se disfrutan a través de los sentidos del gusto, el tacto y el olfato.

▶ 4. Analiza tu carácter

¿Eres demasiado obstinado o perezoso? Estas son dos preguntas razonables para formularse una vez al año y un momento maravilloso para hacerlo es cuando la luna nueva se encuentra en Tauro, que a menudo es terco y perezoso. O tal vez no eres lo *suficientemente* perezoso... En ese caso, deberías volver a leer el punto tres.

▶ 5. Sé perseverante

La otra cara del punto cuatro es que a pesar de que la energía de Tauro puede ser un poco indolente (y no debes olvidar que todos tenemos a Tauro en algún lugar de nuestra carta astral), también es paciente y práctico. Independientemente del trabajo que estés haciendo ahora mismo, sea en tu vida personal o profesional, esta luna nueva llega como una señal de que tienes que serenarte un poco y avanzar lenta pero firmemente en pos de tus objetivos. Este mes el nombre del juego es perseverancia. También debes ser formal y fiable.

La luna nueva (o eclipse solar) en Géminis ♊
(Entre finales de mayo y finales de junio)

▶ 1. Sé comunicativo

Observa si estás comunicándote bien con las personas que más te importan. Géminis es el signo más interesado en este tema, y la luna nueva en Géminis es una ocasión maravillosa para comprobar tu capacidad de comunicación. Por ejemplo, ¿eres sincero contigo mismo acerca de lo que sientes? ¿O sueles quejarte y luego te preguntas por qué tus «peticiones» no obtienen la respuesta que desearías?

▶ 2. Medita

Reflexiona sobre tu estado mental. Si, como muchas personas, sientes que tu mente está acelerada la mayor parte del tiempo, uno de tus deseos de la luna nueva de este mes debería ser concederle más «tiempos muertos». Como ya he explicado, la meditación es una de las mejores formas de relajar tu mente. Puedes hacerlo incluso en mitad de un día muy ajetreado.

▶ 3. Socializa

Pregúntate si engrasas correctamente las ruedas sociales de tu vida. Géminis es un signo muy coqueto (y todos tenemos a Géminis en algún lugar de nuestra carta astral). ¿Cómo se te da relacionarte con la gente cuando vas a una fiesta, cuando te encuentras con un grupo de madres de los compañeros de colegio de tus hijos o cuando estás en el trabajo y no tienes más opción que hacer vida social? ¡Este es un buen momento para revisar tu capacidad de mantener charlas triviales! Y lo digo en serio. Si no tienes esa habilidad, tu vida será más fácil si trabajas para conseguirla.

▶ 4. Reúnete con tus hermanos o con tus vecinos

Visita a tus hermanos o a tus vecinos. Esto puede sonar un poco superficial, pero si los ves únicamente una vez al año, cuando la luna nueva está en Géminis, al menos seguirás estando en contacto con ellos. Si no tienes buenas relaciones con alguno de ellos, esta es la ocasión de modificar las cosas. Empieza por practicar estas habilidades gobernadas por Géminis y habla con tus hermanos (o escríbeles) como un primer paso para resolver vuestras diferencias.

▶ 5. Lee más

Leer está estrechamente vinculado con Géminis, de manera que ocúpate de hacer una lista de lecturas. ¿Cuáles son los temas que realmente te interesan? ¿Encuentras tiempo para leer sobre ellos? Es muy fácil perder años de nuestra vida mirando la televisión o navegando por Internet. Al menos una vez al año, durante la luna nueva de Géminis, elabora una lista de lecturas con los temas que te interesen. Ordena los libros, colócalos en algún lugar visible y luego léelos. Tu vida te lo agradecerá.

La luna nueva (o eclipse solar) en Cáncer ♋

(Entre finales de junio y finales de julio)

▶ *1. Pasa tiempo en familia*

Visita a tu padre y a tu madre. La energía de Cáncer está asociada al hogar y la familia, y a los nacidos bajo este signo no hay nada que les importe más que eso. Si últimamente no has pasado demasiado tiempo con los miembros más cercanos de tu familia, ponte en contacto con ellos (si no viven cerca de ti o ya no tienes familiares, también cuentan las personas a las que consideras tu familia). Si en tus relaciones familiares hay conflictos o tensiones, utiliza esta luna nueva para resolverlos. ¡La vida es muy corta!

▶ *2. Elimina la inseguridad*

Sé sincero contigo mismo y analiza si existe inseguridad, miedo o posesión en alguna parcela de tu vida o en todas. Consideremos el símbolo del signo de Cáncer: el cangrejo. Podemos describirlo como una criatura pequeña con un caparazón muy duro que protege su interior blando y vulnerable. Esa es la vibración de Cáncer, y todos la tenemos; todos nos protegemos a nosotros mismos. Este mes pregúntate si no estás siendo demasiado duro porque en el fondo lo que te sucede es que estás preocupado. Identifica los obstáculos que se interponen en tu camino e intenta eliminarlos. En cuanto lo hagas te sentirás mejor. Además, intenta no dejarte dominar por el mal humor. La meditación será de gran ayuda.

▶ *3. Cuídate*

Ponte en contacto con tu lado más cariñoso y solícito. La energía de Cáncer es muy cálida y acogedora: piensa en una abuela tierna de cabellos blancos y pechos grandes que te abraza cuando estás disgustado y cuyas tazas de té o de chocolate caliente te reconfortan. La energía de Cáncer incluye muchas cosas más, aunque lo anterior es una parte muy importante. Haz la promesa de cuidarte a lo largo de este mes. Y también cuida a los demás, especialmente a los niños.

▶ 4. Revisa tus objetivos

Cáncer es también uno de los signos más dinámicos y tenaces. A lo mejor la habilidad para ser cariñosos y cuidar a los demás los capacita para salir al mundo y alcanzar sus objetivos. De manera que este mes repasa tus objetivos para el año. La luna nueva en Cáncer tiene lugar aproximadamente a mitad de año, de manera que piensa en qué punto te encuentras en relación con los deseos que has manifestado al principio del año y en los aspectos que necesitas corregir o matizar para mantener el rumbo (o para volver a recuperarlo).

▶ 5. Date un baño

Una de las mejores cosas que puedes hacer durante la luna nueva de Cáncer es darte un delicioso baño caliente, preferiblemente a la luz de velas que no sean tóxicas. (Acaso todavía no sepas que muchas de las velas que se usan en el interior suponen un riesgo para la salud. Puedes buscar información en Google). Según se dice, darse un baño recrea las condiciones que teníamos en el útero materno; no cabe duda de que esa es la razón de que sea tan apetecible. En mi caso, las mejores ideas se me ocurren cuando me estoy dando un baño. Cáncer es un signo de agua, de manera que es positivo hacer cualquier cosa que tenga que ver con este elemento. Si tienes la suerte de vivir cerca de una poza, un río, un arroyo, el mar o el océano, no dudes en darte un baño. Relájate con el agua. Después de la relajación a menudo llega la lucidez.

La luna nueva (o eclipse solar) en Leo ♌

(Entre finales de julio y finales de agosto)

▶ 1. Presume

La luna nueva de Leo es el tiempo de celebrar la vida. Y todos nos las arreglamos para disfrutarla, independientemente de cuál sea nuestro signo. La energía de Leo es generosa, divertida, magnánima, y también un poco presumida. Pero ¿sabes qué? Todos tenemos a Leo en alguna parte de nuestra carta astral, y durante este mes esa parte de tu carta se activa. Tal como afirma Oprah Winfrey: «Cuanto más honramos y celebramos nuestra vida, más tenemos para honrar y celebrar». Este también es un excelente momento para salir de vacaciones, de manera que anímate a soñar con tu siguiente escapada.

▶ 2. ¡Flirtea!

La energía de Leo también está asociada con el goce de flirtear ¡y nunca eres demasiado mayor para hacerlo! Durante los días posteriores a la luna nueva de Leo, hay muchas posibilidades de que percibas un murmullo agradable en el aire. Más allá de que estés buscando nuevas emociones con tu pareja o que estés soltero y preparado para encontrar a alguien con quien recuperar tu parte sexi, disfruta de una noche romántica: sal a cenar y a tomar vino con alguien (si no tienes pareja puedes hacerlo con un amigo o amiga por el puro y simple placer de hacerlo).

▶ 3. Sé creativo

Hay muchas personas que dejan de lado completamente su creatividad. Todos tenemos una veta creativa. Algunos la expresamos a través del arte; otros en la cocina, haciendo artesanías, soñando con maravillosos itinerarios de vacaciones o incluso creando apabullantes hojas de cálculo. Independientemente de lo que signifique para ti la creatividad, ahora es el momento de volver a conectar con esa parte de tu persona. Hacerlo una vez al año, durante la luna nueva de Leo, significa que no dejas que permanezca dormida durante demasiado tiempo. Los adultos a menudo somos demasiado serios. La luna nueva de Leo nos ofrece una oportunidad para «aligerarnos».

▶ 4. Ámate a ti mismo

Devuelve favores. Sé generoso. Abre tu corazón. Las personas de Leo se vanaglorian de sí mismas. ¿Y quieres saber mi opinión? Me parece bien. Una de las cosas más importantes que podemos hacer para potenciar nuestro bienestar es amarnos a nosotros mismos. Utiliza el poder de la luna nueva de este mes para volver a ponerte en contacto con todo lo maravilloso que hay dentro de ti. Y esto no tiene por qué considerarse arrogancia. Sencillamente es amarse sí mismo, y el amor nunca es arrogante. Trabaja para desarrollar la confianza en ti mismo y la capacidad de liderazgo.

▶ 5. Mímate

Y luego mima a alguien a quien amas. Consiéntete y consiente. ¡Vive un poco! Leo está representado por el brillante y caliente sol. Cuando la luna nueva se encuentra en Leo, es el momento de recorrer tu camino, convertir tus palabras en hechos, sacudir los hombros y, en general, recordar que eres una persona que tiene mucho para ofrecer al mundo. No hay ningún premio por ser modesto, ¿entendido?

La luna nueva (o eclipse solar) en Virgo ♍
(Entre finales de agosto y finales de septiembre)

▶ 1. Haz inventario
Presta atención a los detalles. Haz inventario de tu vida. Analiza qué es lo que funciona y lo que no funciona. Virgo tiene fama

de ser quisquilloso. Y es verdad. La imagen utilizada para el signo de Virgo recuerda a quienes en una época emplearon sus poderes de discernimiento literalmente para separar el trigo de la paja; estoy hablando de los días en que las personas eran expertas en agricultura. Por lo tanto, este mes utiliza las energías para pensar en qué parte de tu vida necesitas introducir cambios. Presta particular atención a tus rutinas diarias.

❱ 2. Ofrece tu servicio

Si estás en el camino *New Age*, seguramente habrás escuchado a tus maestros recordarte que el mejor trabajo es el servicio. Virgo está relacionado plenamente con el servicio, de manera que utiliza este mes para reflexionar sobre si estás ofreciendo tu servicio a otras personas. Piensa especialmente en lo que sucede en tu trabajo. ¿Cómo puedes ayudar a los demás? Ofrecer servicio con una sonrisa te permitirá acumular puntos kármicos. Puedes ayudar a un colega que está sobrecargado de trabajo u ofrecerte a recoger al hijo de otra persona en el colegio... Se trata de pequeños detalles que pueden hacerles la vida más fácil a los demás.

❱ 3. Conserva tu salud

Otra característica de Virgo son los temas asociados a la salud. Cuando la luna nueva se encuentra en Virgo, es una ocasión extraordinaria para pensar en tu dieta y tus hábitos diarios. Se ha escrito mucho sobre la importancia de las rutinas matutinas y vespertinas. ¿Cómo son las tuyas? Virgo es un excelente creador de hábitos, de manera que empieza algunas nuevas rutinas beneficiosas este mes y observa cuánto tiempo puedes mantenerlas. Pueden ser clases de yoga por la mañana o por la tarde, meditaciones diarias, batidos llenos de nutrientes para el desayuno, irte a la cama más pronto o cualquier otra cosa que te apetezca incorporar en tu vida para mejorarla.

▶ 4. Evita ser puntilloso

¿Eres demasiado crítico? Utiliza la luna nueva cuando se encuentre en el innegablemente quisquilloso Virgo para reflexionar sobre ello. Por ejemplo, el amor y la crítica no pueden ir juntos, de manera que intenta no caer en el hábito de encontrar defectos en las personas que amas. ¡Y tampoco te dediques a buscar tus propios defectos! Dar lo mejor de ti es una cosa, pero el perfeccionismo es algo muy distinto. No seas demasiado duro contigo mismo..., una forma de ser muy típica de Virgo.

▶ 5. Organízate

Virgo es como esa parte de nosotros que está «ordenada». En otras palabras, es la parte organizada y puntual. Ponte al día con tus facturas, organiza tus papeles y arregla tus asuntos cuando la luna nueva esté en Virgo.

La luna nueva (o eclipse solar) en Libra ♎
(Entre finales de septiembre y finales de octubre)

▶ 1. Relaciónate de verdad con los demás

¿Cómo te relacionas con los demás? Libra es el signo de las alianzas y las asociaciones; por lo tanto, utiliza este mes para preguntarte cómo te relacionas con las personas importantes de tu vida y si podrías beneficiarte de un poco más de armonización y negociación. Libra está asociado a la armonía y la cooperación, de modo que trabaja para recuperar estas dos cualidades si han estado ausentes en tu vida. La energía de Libra consiste en dar y recibir, pero más en dar. *Tú* eres más importante que *yo*. ¿Cómo se te da ser amigo, pareja, socio, colega o incluso ex?

▶ 2. Asóciate

Las asociaciones en particular requieren una atención especial durante esta luna nueva. Si en tu matrimonio o en tu sociedad comercial hay algunos desacuerdos, es muy probable que en este momento surjan problemas y lo mejor que puedes hacer es solucionarlos. Libra es muy sociable y diplomático, así que saca a la luz estas cualidades mientras la luna nueva se encuentre en este signo amable y encantador.

▶ 3. Negocia

Cuando la luna nueva está en Libra, es una ocasión maravillosa para negociar, o volver a negociar, algo con lo que no estás satisfecho. Libra vive para equilibrar las cosas. Encuentra puntos de conciliación. Consigue que la frase «estoy de acuerdo» sea tu lema diario y observa qué es lo que ocurre.

▶ 4. Ocúpate de tener un aspecto estupendo

Libra también es refinado y hermoso. De manera que si necesitas un poco de equilibrio en tu vida para que sea más hermosa y refinada, pasa a la acción este mes en el que la luna nueva está en Libra, pues su energía te respaldará. No quiero parecer superficial, pero la imagen que presentamos al mundo dice mucho de nosotros. Libra está asociado a la belleza. ¿Te sientes a gusto contigo mismo? Y con respecto al arte, ¿existe un poco de arte en tu vida para que sea algo más bella? Si la respuesta es negativa, ¡ocúpate de incorporarlo!

▶ 5. Recupera tu identidad

Analiza si tienes problemas de codependencia (por ejemplo, podrían manifestarse en tu tendencia a confiar demasiado en que otra persona pueda ofrecerte una sensación de bienestar. Libra representa las asociaciones; sin embargo, algunas veces la unión puede llegar demasiado lejos. ¿Has perdido tu sentido de identidad por haberle otorgado poder a otra persona? Si este es el caso, ha llegado el momento ideal para hacer algo al respecto.

La luna nueva (o eclipse solar) en Escorpio ♏
(Entre finales de octubre y finales de noviembre)

▶ *1. Recupera tu lado sexi*

La energía de la luna nueva cuando se encuentra en Escorpio es muy sexi. Eso se debe a que Escorpio es el signo que no teme su lado oscuro, ni tampoco tiene miedo a expresar lo que siente o piensa en una situación comprometida. Y, por supuesto, el sexo funciona mucho mejor cuando las personas se olvidan de sí mismas y dejan de preocuparse por su apariencia. Muchos de nosotros hemos crecido oyendo que el sexo es en cierta medida algo sucio, pero Escorpio es el signo al que no le importa ensuciarse y además sonríe lujuriosamente mientras lo hace. Y todos tenemos la energía de Escorpio.

▶ *2. Invierte sabiamente*

Las asociaciones económicas también son propicias cuando la luna nueva se encuentra en Escorpio. En otras palabras, me refiero a esos casos en los que tu dinero se combina, o trabaja, con el de otra persona. Algunos ejemplos evidentes son tu sueldo, las tarjetas de crédito y las deudas, pero también las hipotecas, los testamentos y las herencias. Este es un buen momento para empezar una asociación económica o para darla por terminada (aunque debo decir que la luna llena en Escorpio es definitivamente más propicia para concluirla).

▶ *3. Consigue la paz interior*

La posesión y los celos también son una energía característica de Escorpio. ¿Reconoces alguno de estos sentimientos en ti?

¿Mantienes una lucha de poder con alguien? Esto está vinculado al lado oscuro de Escorpio. No rechaces esta parte de tu persona, y por el contrario utiliza la energía de la luna nueva en Escorpio para hacer las paces con esa parte oscura. Cuanto menos la reprimas, menos conflictos te causará. ¡Esto de ninguna manera te da carta blanca para convertirte en una bestia celosa e iracunda! Sencillamente significa reconocer esos sentimientos y ocuparte de gestionarlos de una forma que sea segura para todas las personas involucradas.

▶ 4. R-e-s-p-i-r-a

Como ya conoces la intensidad de Escorpio, no te sorprenderá saber que cuando la luna nueva se encuentra en este signo es un momento excelente para profundizar tus relaciones, sean sexuales o de otro tipo. Lo único que debes intentar es que la atracción que sientes por otra persona, sea amistosa o sexual, no se torne demasiado obsesiva. Un poco de obsesión con algo o alguien puede ser divertido, pero también puede llegar demasiado lejos. Observa tus acciones y trata de reconducirlas con delicadeza si te das cuenta de que te estás comportando de forma compulsiva. Los compromisos asumidos durante la luna nueva de Escorpio suelen tener un gran poder de permanencia.

▶ 5. Olvida tus rencores

Este también es el tiempo para aligerarse de cargas emocionales y abandonar los rencores. Los rencores son tóxicos y destructivos y la luna nueva en Escorpio ofrece la oportunidad de plantarles cara por lo que son. Las suspicacias, la culpa y los pensamientos de venganza de alguna manera también son más fáciles de gestionar en este momento. Soluciona tus conflictos. La vida es demasiado corta. Y el karma tiene que ver con lo que uno arrastra. Y por cierto, el karma también es escorpiano. Recuerda que el tiempo de la luna nueva está «a la vuelta de la esquina». Trabaja con esas partes de tu personalidad una vez al año.

La luna nueva (o eclipse solar) en Sagitario ♐

(Entre finales de noviembre y finales de diciembre)

▶ 1. Haz una escapada

Viaja o haz cualquier otra actividad que te proporcione una sensación de libertad. Estas son dos de las cosas más divertidas que puedes esperar que se produzcan en este momento. Si te sientes acorralado por la vida y necesitas escaparte de todo, utiliza el poder que tiene la luna nueva en Sagitario, un signo afectivo y errante, para reservar algún viaje para el futuro o para ahora mismo. Sagitario es el signo que sabe que las cosas siempre pueden ir a mejor, y a veces simplemente necesitamos una nueva perspectiva para darnos cuenta de todas las bendiciones que hay en nuestra vida.

▶ 2. Estudia

Estudiar es una actividad a la que merece la pena dedicarse este mes. A veces estudiar puede parecer una carga, pero la verdad es que proporciona libertad porque nos abre muchas más oportunidades laborales que, a su vez, pueden ofrecernos más dinero y por lo tanto más libertad, al menos hasta cierto grado.

▶ 3. Busca el sentido

La Gran Búsqueda Cósmica también se torna visible a lo largo de este mes. En otras palabras, ha llegado la hora de encontrar el sentido de la vida. ¿Qué tal se te da eso? Sagitario es el guardián de las ideologías. La luna nueva en este signo es un buen momento para comprobar que no eres estrecho de miras.

▶ 4. Ríete

Divertirse y asumir riesgos son dos actitudes incluidas en las competencias de la luna nueva de Sagitario. Si la vida se ha tornado seria y aburrida, pregúntate por qué no te diviertes ni asumes riesgos. No te estoy sugiriendo que hagas funambulismo entre las torres Petronas, pero puedes usar el poder que tiene la luna nueva cuando se encuentra en Sagitario para introducir en tu vida una especie de «giro de la rueda de la fortuna». En este momento el exceso no solo es muy posible, también está positivamente fomentado. Por otro lado, debes saber que Sagitario se refiere asimismo a los temas legales. La luna nueva en Sagitario trae nueva energía a cualquier tipo de batallas que estés librando.

❱ 5. Sé agradecido

¡Reconoce que eres afortunado! Sagitario es un signo que puede poner las cosas en perspectiva. Si tu tendencia ha sido quejarte o poner el foco en lo negativo, utiliza esta ocasión para darle la vuelta. Tal como dice mi maestro en la India: «El secreto de la vida es saber que eres bienaventurado y vivir tu vida con ese conocimiento».

La luna nueva (o eclipse solar) en Capricornio ♑
(Entre finales de diciembre y finales de enero)

❱ 1. Planifica

Aunque sea fin de año, Capricornio está asociado a la planificación. Utiliza este momento para reflexionar sobre lo que quieres conseguir el *próximo* año. Sí, en efecto, este libro trata de planificar y de apuntar las cosas, ¡porque estos son los secretos más importantes para poder manifestar tus deseos con éxito! Capricornio sabe que tienes que avanzar hacia tus objetivos sin prisa pero sin pausa, de manera que comprueba qué es lo que haces con los tuyos.

❱ 2. Sé ambicioso

Este es también un buen momento para ser muy ambicioso y definir muy bien tus objetivos. Piensa en por qué quieres ser conocido. Capricornio no es holgazán: sabe que el trabajo duro es el camino para conseguir metas a largo plazo. ¿Has estado pensando con demasiada rigidez? Aprovecha el tiempo en que la luna nueva se encuentra en Capricornio para prometerte que sustituirás los pensamientos rígidos por pensamientos maduros, moderados y estratégicos. Si ambicionas tener un estatus social u obtener reconocimiento por lo que haces, esta luna nueva es la ocasión ideal para conseguir que tus objetivos avancen, independientemente de lo que eso signifique para ti. (Sin juicios).

▶ *3. Sé amable*

En esta etapa debes ser muy consciente de que la energía de Capricornio (que está asociada con Saturno, un planeta muy serio) puede ser algo fría. Utiliza la temporada de buena voluntad que impera en este momento a tu alrededor y la energía de la luna nueva en Capricornio para expresarles a algunas personas cuánto te importan. Haz promesas con la férrea voluntad de mantenerlas. Muéstrale a alguien que tu compromiso es a largo plazo.

▶ *4. Deja de controlar*

Y al mismo tiempo evita que te controlen. Capricornio puede ser un signo muy difícil en muchos sentidos. Y como ocurre con los demás signos, todos tenemos a Capricornio en algún sitio de nuestra carta natal. Si sabes que tienes tendencia a ser inflexible, aprovecha que la luna nueva se encuentra en Capricornio para pensar cómo puedes modificarlo. A nadie le gusta que lo controlen.

▶ *5. Establece tradiciones*

Es maravilloso establecer una nueva tradición en este momento del año, más allá de que esté o no relacionada con la Navidad. Piensa en tu reputación e intenta mejorarla, porque en esta época vale la pena reflexionar sobre este tema. También es recomendable manifestarles tu gratitud a tu jefe o a tus empleados. Como ya sabemos, todo esto suele hacerse de forma natural cuando acaba el año, pero la luna nueva en Capricornio es especialmente propicia y vale la pena aprovecharla.

La luna nueva (o eclipse solar) en Acuario ♒
(Entre finales de enero y finales de febrero)

▶ 1. Abandona tus apegos

Libérate de tus apegos en esta luna nueva (ver la segunda parte de este libro). Acuario es el signo que tiene más apegos. La gente se confunde con Acuario, porque a pesar de ser el portador del agua es un signo de aire, y como tal tiende a vivir mucho dentro de su cabeza. Como es evidente, eso tiene sus inconvenientes, pero en general la parte de nuestra carta natal ocupada por Acuario es precisamente el sitio donde podemos ser pragmáticos, en lugar de ser exageradamente emotivos y dejarnos llevar únicamente por los sentimientos. Algunas veces se necesita un poco de lógica.

▶ 2. Sé sincero

Utiliza la luna nueva en Acuario para preguntarte si estás concediéndote espacio para que se manifieste tu verdadero y único ser. Acuario es un signo que no se preocupa tanto por las convenciones como los demás. Realmente tiene sentido que el día de San Valentín tenga lugar durante el signo de Acuario, ya que las personas se enamoran cuando ven el ser real de alguien, con sus características peculiares y todo lo demás.

▶ 3. Sé ingenioso

Si algo o alguien te deja sin palabras, aprovecha la luna nueva de Acuario para concebir una nueva idea, iniciativa o solución. La energía de Acuario se refiere a mirar al futuro y a lo que está por llegar. Es un signo vanguardista que también gobierna la tecnología y el progreso. Si te encuentras atrapado en tu rutina, este es el momento del año para asumirlo y proponerte hacer algo para modificar la situación. Imita la energía de Acuario y empieza a preocuparte menos por las normas sociales (dentro de lo razonable ¡y sin hacer daño a nadie!).

▶ 4. Sé caritativo

Si solamente haces una donación solidaria al año, te recomiendo que la hagas cuando la luna nueva esté en Acuario. Acuario es una energía que quiere trabajar para mejorar la raza humana, y esta es la ocasión ideal para que todos aportemos nuestro granito de arena.

▶ 5. Conéctate

Este mes también debes seguir siendo sociable. Acuario es un signo curioso porque se le da mejor relacionarse con grandes grupos de personas que de una en una. Por ese motivo es un signo muy humanitario. Así que cuando la luna nueva tiene lugar en Acuario, es una ocasión excelente para encontrarte con tus amigos y con las demás personas de tu círculo social. Acuario se ocupa realmente de unir a quienes tienen un ideal común, de manera que debes buscar a tu tribu.

La luna nueva (o eclipse solar) en Piscis ♓
(Entre finales de febrero y finales de marzo)

▶ 1. Sueña...

¡Ah, qué encantador lugar de ensueño es Piscis! Es el hogar de los sueños, los asuntos místicos y la compasión. Reflexiona sobre lo que estás pensando. Reflexiona sobre lo que estás soñando. ¿Estás empleando tu imaginación positivamente, es decir, para atraer todo lo que quieres? Esta es la luna nueva durante la cual debes trabajar para liberarte de tus miedos.

▶ 2. Plántales cara a tus miedos

Cuando la luna nueva se encuentra en Piscis, estamos en el tiempo de los secretos y a veces también de las mentiras. Se trata de todo lo que no queremos admitir ante nosotros mismos ni ante ninguna otra persona. Haz inventario de tus miedos durante esta luna nueva; quizás podrías llegar a descubrir que estás liberándote de algunos de ellos. Estas pequeñas y débiles criaturas suelen correr en direcciones opuestas cuando les plantas cara, y ahora ha llegado el momento de hacerlo.

▶ 3. ¡Conecta con el cosmos!

Debido a la gran cantidad de energía mística que hay en el ambiente cuando llega la intensa energía de Piscis, esta es una ocasión maravillosa para ocuparte de tus habilidades intuitivas. Toma nota de tus presentimientos y comprueba qué es lo que sucede. Echa mano de las cartas del tarot o de los arcángeles y verifica luego los resultados.

▶ 4. Sánate

Si estás sufriendo emocional o espiritualmente, toma conciencia de que es muy sencillo acceder a las energías sanadoras cuando la luna nueva se encuentra en Piscis. El signo está estrechamente vinculado con Neptuno, un planeta que tiene el poder de tomar los fragmentos etéreos de una idea y convertirlos en fantasías. Y como todos sabemos, las fantasías pueden hacerse realidad gracias a la ley de la atracción. Si necesitas sanación espiritual, busca un sanador. Pídeles a tus amigos que te recomienden a alguien. Y también elabora una lista de lo que significaría para ti «ser sanado» y visualiza que eso es precisamente lo que está sucediendo. Luego señala con una marca todas las cosas de tu lista que se materialicen.

▶ 5. Entrégate

Como acabo de decir, Piscis se relaciona con los sueños y, por consiguiente, este mes debes apuntar tus propios sueños. ¿Qué es lo que deseas? ¿Cuáles son tus fantasías, sean sexuales o de cualquier otro tipo? Busca la felicidad. Entrégate al Universo y confía en que lo que está sucediendo es exactamente lo que necesitas. Es muy recomendable practicar yoga y otras actividades espirituales durante el tiempo en que la luna nueva se encuentra en Piscis (y después). Este es el momento de acceder a tu ser superior: esa parte de ti que sabe que estás conectado con todos los seres vivos.

Capítulo 5

Predice tu futuro con la luna nueva

Una de las cosas que a la gente le encantan de la astrología es que puede ayudarte a predecir el futuro. Y también es posible hacer pronósticos con la luna nueva, simplemente mirando en qué *casa* se encuentra (tu carta astrológica está organizada en doce secciones, cada una de las cuales se conoce como casa. Y cada una de las doce casas gobierna una parte diferente de tu vida). De hecho, puedes utilizar la luna nueva como una guía y un indicador. Te sorprenderá. Puede ayudarte a entender:

- Lo que puedes esperar el mes próximo.
- Cuál puede ser tu foco de atención (e incluso cuál debería ser) durante el próximo mes.
- En qué momentos sería más fácil para ti empezar otra vez de cero.
- Qué tipo de cosas deberías hacer en las próximas cuatro semanas.
- Los temas predominantes de las próximas cuatro semanas.

SIGNOS SOLARES / SIGNOS ASCENDENTES Y CASAS

Si quieres hacer predicciones con la luna nueva, necesitarás conocer tu signo zodiacal (también conocido como signo solar) y también tu signo ascendente, de manera que antes de seguir adelante vamos a asegurarnos de que sabes cuáles son.

Busca tu fecha de nacimiento en la siguiente tabla, que incluye todos los signos zodiacales. Ten en cuenta que si has nacido en una fecha en la que se cambia de signo, o en una fecha muy próxima, tienes que comprobar minuciosamente a qué signo perteneces, ya que el sol se mueve entre los diferentes signos con una variación de un par de días de un año a otro. Puedes comprobarlo en mi página web, www.moonologybook.com/freechart.

SIGNO SOLAR		FECHA DE NACIMIENTO
♈	Aries	21 de marzo-19 de abril
♉	Tauro	20 de abril-20 de mayo
♊	Géminis	21 de mayo-21/20 de junio
♋	Cáncer	21 de junio-21/22 de julio
♌	Leo	23 de julio-23/22 de agosto
♍	Virgo	23 de agosto-22 de septiembre
♎	Libra	23 de septiembre-22 de octubre
♏	Escorpio	23 de octubre-21 de noviembre

SIGNO SOLAR		FECHA DE NACIMIENTO
♐	Sagitario	22 de noviembre-21 de diciembre
♑	Capricornio	22 de diciembre-19 de enero
♒	Acuario	20 de enero-18 de febrero
♓	Piscis	19 de febrero-20 de marzo

Si te parece bien seguir adelante sabiendo únicamente cuál es tu signo solar, no hay ningún problema. De cualquier modo, puedes seguir la evolución de la luna nueva cada mes y realizar predicciones razonablemente precisas en relación con lo que esperas obtener en las cuatro semanas que siguen a la luna nueva. No obstante, si también utilizas tu signo ascendente, la lectura podría ser mucho más precisa.

Tu signo ascendente es el *punto más personal* de tu carta astrológica, porque se calcula utilizando la hora, la fecha y el lugar de tu nacimiento. En otras palabras, alguien que ha nacido exactamente en el mismo momento que tú en el otro lado del mundo (o incluso a apenas unos pocos kilómetros) no tendrá los mismos detalles del signo ascendente que tú.

Descubre cuál es tu signo ascendente

Si conoces la hora y los minutos aproximados del día en que naciste, puedes utilizar la tabla de la página 104 para «adivinar-estimar» cuál es tu signo ascendente. Tu verdadero signo ascendente será este, o bien el signo de la lista que se encuentra más cerca de la hora de tu nacimiento. Utiliza la hora del lugar de tu nacimiento. Si has nacido en verano en un sitio donde se utiliza el horario de

Signo solar	Aries	Tauro	Géminis	Cáncer	Leo	Virgo	
4 a.m.-6 a.m.	Aries	Tauro	Géminis	Cáncer	Leo	Virgo	
2 a.m.-4 a.m.	Piscis	Aries	Tauro	Géminis	Cáncer	Leo	
12 a.m.-2 a.m.	Acuario	Piscis	Aries	Tauro	Géminis	Cáncer	
10 p.m.-12 a.m.	Capricornio	Acuario	Piscis	Aries	Tauro	Géminis	
8 p.m.-10 p.m.	Sagitario	Capricornio	Acuario	Piscis	Aries	Tauro	
6 p.m.-8 p.m.	Escorpio	Sagitario	Capricornio	Acuario	Piscis	Aries	
4 p.m.-6 p.m.	Libra	Escorpio	Sagitario	Capricornio	Acuario	Piscis	
2 p.m.-4 p.m.	Virgo	Libra	Escorpio	Sagitario	Capricornio	Acuario	
12 p.m.-2 p.m.	Leo	Virgo	Libra	Escorpio	Sagitario	Capricornio	
10 a.m.-12 p.m.	Cáncer	Leo	Virgo	Libra	Escorpio	Sagitario	
8 a.m.-10 a.m.	Géminis	Cáncer	Leo	Virgo	Libra	Escorpio	
6 a.m.-8 a.m.	Tauro	Géminis	Cáncer	Leo	Virgo	Libra	

Signo solar	Libra	Escorpio	Sagitario	Capricornio	Acuario	Piscis
4 a.m.- 6 a.m.	Libra	Escorpio	Sagitario	Capricornio	Acuario	Piscis
2 a.m.- 4 a.m.	Virgo	Libra	Escorpio	Sagitario	Capricornio	Acuario
12 a.m.- 2 a.m.	Leo	Virgo	Libra	Escorpio	Sagitario	Capricornio
10 p.m.- 12 a.m.	Cáncer	Leo	Virgo	Libra	Escorpio	Sagitario
8 p.m.- 10 p.m.	Géminis	Cáncer	Leo	Virgo	Libra	Escorpio
6 p.m.- 8 p.m.	Tauro	Géminis	Cáncer	Leo	Virgo	Libra
4 p.m.- 6 p.m.	Aries	Tauro	Géminis	Cáncer	Leo	Virgo
2 p.m.- 4 p.m.	Piscis	Aries	Tauro	Géminis	Cáncer	Leo
12 p.m.– 2 p.m.	Acuario	Piscis	Aries	Tauro	Géminis	Cáncer
10 a.m.- 12 p.m.	Capricornio	Acuario	Piscis	Aries	Tauro	Géminis
8 a.m.- 10 a.m.	Sagitario	Capricornio	Acuario	Piscis	Aries	Tauro
6 a.m.- 8 a.m.	Escorpio	Sagitario	Capricornio	Acuario	Piscis	Aries

verano para ahorrar luz, tendrás que restar una hora a tu hora de nacimiento antes de utilizar la tabla.

Para encontrar tu signo ascendente *probable*, busca el período de dos horas que incluye tu hora de nacimiento en la columna que se muestra a la izquierda de la tabla. Luego encuentra tu propio signo en la hilera superior de los signos solares. A continuación, busca el lugar de encuentro entre la columna de la hora y la columna de tu signo. El signo que se encuentre en esa casilla es tu signo ascendente *probable*.

Esta tabla funciona bien, aunque asume que el sol sale a las seis de la mañana cada día. Si sabes o descubres que la salida del sol se produjo, digamos, a las 6:35 a.m., tienes que agregar treinta y cinco minutos a cada una de las secciones. Por tanto, la tabla es efectiva como una estimación, pero sería mucho mejor que visitaras mi página web (www.moonologybook.com/freechart) para obtener un resultado más exacto.

Descubre la casa donde se encuentra la luna nueva

Ahora que ya conoces tu signo solar y tu signo ascendente, estás prácticamente preparado para descubrir qué significa personalmente para ti la luna nueva (y también la luna llena, las lunas creciente y menguante, y la luna diaria). Pero antes que nada debes utilizar la tabla de la página 108 para comprobar qué casa activa la luna nueva personalmente para ti cada mes.

A continuación cito algunos ejemplos para que puedas comprender cómo funciona la tabla:

- Si eres Tauro o tienes el ascendente en Tauro, la luna nueva de Escorpio está en tu séptima casa.
- Si eres Piscis o tienes el ascendente en Piscis, la luna nueva de Acuario está en tu duodécima casa.
- Si eres Sagitario o tienes el ascendente en Sagitario, la luna nueva de Libra está en tu undécima casa.

Para los que sienten curiosidad por la astrología, en el apéndice B (página 257) hay una lista donde se explica lo que representa cada una de las doce casas. Si no tienes demasiado interés, sencillamente sigue leyendo.

UNA GUÍA PARA LA LUNA NUEVA EN CADA UNA DE LAS CASAS

A continuación presento una guía perpetua que podrás utilizar durante todas las lunas nuevas de aquí en adelante. Para hacerlo, primero debes encontrar en qué *signo* se encuentra la luna nueva. Puedes visitar mi página web, www.moonology.com (Inicio), y luego consultar la tabla de la página 108 para comprobar en qué *casa* se encuentra la luna nueva personalmente para ti. Lee la guía que te presento a continuación para comprender cuál es la previsión probable para ti. La guía te ofrece información sobre:

- Los temas que probablemente te planteará la luna nueva.
- Lo que puedes esperar en cada luna nueva y en las cuatro semanas siguientes.
- Mis sugerencias para tus deseos de cada luna nueva.
- Mis sugerencias para tus visualizaciones de cada luna nueva.
- La idea que debes tener muy presente en cada luna nueva y a lo largo de las cuatro semanas siguientes.
- Los mensajes más importantes de cada luna nueva.
- Lo que puedes hacer en las cuatro semanas que siguen a cada luna nueva para aprovechar al máximo sus energías.
- Las tres afirmaciones más importantes para cada luna nueva.

En la guía también encontrarás lo que yo denomino los extras cósmicos.* Eso quiere decir información, entre otras cosas, acerca de:

---

* Encontrarás más información detallada sobre los extras cósmicos en el apéndice C. Puedes consultarlo mientras utilizas la guía.

Tu signo solar o signo ascendente	La luna nueva en Aries está en tu...	La luna nueva en Tauro está en tu...	La luna nueva en Géminis está en tu...	La luna nueva en Cáncer está en tu...	La luna nueva en Leo está en tu...	
Aries o ascendente Aries	1.ª casa	2.ª casa	3.ª casa	4.ª casa	5.ª casa	
Tauro o ascendente Tauro	12.ª casa	1.ª casa	2.ª casa	3.ª casa	4.ª casa	
Géminis o ascendente Géminis	11.ª casa	12.ª casa	1.ª casa	2.ª casa	3.ª casa	
Cáncer o ascendente Cáncer	10.ª casa	11.ª casa	12.ª casa	1.ª casa	2.ª casa	
Leo o ascendente Leo	9.ª casa	10.ª casa	11.ª casa	12.ª casa	1.ª casa	
Virgo o ascendente Virgo	8.ª casa	9.ª casa	10.ª casa	11.ª casa	12.ª casa	
Libra o ascendente Libra	7.ª casa	8.ª casa	9.ª casa	10.ª casa	11.ª casa	
Escorpio o ascendente Escorpio	6.ª casa	7.ª casa	8.ª casa	9.ª casa	10.ª casa	
Sagitario o ascendente Sagitario	5.ª casa	6.ª casa	7.ª casa	8.ª casa	9.ª casa	
Capricornio o ascendente Capricornio	4.ª casa	5.ª casa	6.ª casa	7.ª casa	8.ª casa	
Acuario o ascendente Acuario	3.ª casa	4.ª casa	5.ª casa	6.ª casa	7.ª casa	
Piscis o ascendente Piscis	2.ª casa	3.ª casa	4.ª casa	5.ª casa	6.ª casa	

La luna nueva en Virgo está en tu...	La luna nueva en Libra está en tu...	La luna nueva en Escorpio está en tu...	La luna nueva en Sagitario está en tu...	La luna nueva en Capricornio está en tu...	La luna nueva en Acuario está en tu...	La luna nueva en Piscis está en tu...
6.ª casa	7.ª casa	8.ª casa	9.ª casa	10.ª casa	11.ª casa	12.ª casa
5.ª casa	6.ª casa	7.ª casa	8.ª casa	9.ª casa	10.ª casa	11.ª casa
4.ª casa	5.ª casa	6.ª casa	7.ª casa	8.ª casa	9.ª casa	10.ª casa
3.ª casa	4.ª casa	5.ª casa	6.ª casa	7.ª casa	8.ª casa	9.ª casa
2.ª casa	3.ª casa	4.ª casa	5.ª casa	6.ª casa	7.ª casa	8.ª casa
1.ª casa	2.ª casa	3.ª casa	4.ª casa	5.ª casa	6.ª casa	7.ª casa
12.ª casa	1.ª casa	2.ª casa	3.ª casa	4.ª casa	5.ª casa	6.ª casa
11.ª casa	12.ª casa	1.ª casa	2.ª casa	3.ª casa	4.ª casa	5.ª casa
10.ª casa	11.ª casa	12.ª casa	1.ª casa	2.ª casa	3.ª casa	4.ª casa
9.ª casa	10.ª casa	11.ª casa	12.ª casa	1.ª casa	2.ª casa	3.ª casa
8ª casa	9ª casa	10ª casa	11ª casa	12ª casa	1ª casa	2ª casa
7ª casa	8ª casa	9ª casa	10ª casa	11ª casa	12ª casa	1ª casa

- Aceites esenciales: explico cuáles son los aceites más adecuados para cada luna nueva.
- La energía numerológica de cada luna nueva: los números a los que tienes que estar atento.
- Los chakras 3D y 5D: sugiero cuáles son los chakras con los que hay que trabajar en cada luna nueva y durante las cuatro semanas siguientes.
- Mantras: he hecho una lista de los mejores mantras para cantar en luna nueva y a lo largo de las cuatro semanas siguientes; los mantras se utilizan para activar los chakras de cada mes.
- Diosas y arcángeles: aprende cuál de ellos guía cada luna nueva.
- Leyes universales: en cada luna nueva y durante las cuatro semanas siguientes medita sobre una de estas leyes.
- Rayos celestiales: descubre qué rayo está asociado a cada luna nueva y qué es lo que debes hacer.

Ahora, sin más preámbulos, vamos a comenzar. Te ruego tengas en cuenta que puedo ofrecerte la siguiente información personalizada todos los meses. Si te interesa, visita www.newmooninfosheets.com.

La luna nueva (o eclipse solar) en tu primera casa
(Conocida también como la zona de tu imagen)

▶ **Se refiere a:** la imagen que estás ofreciendo al mundo.

▶ **Qué cabe esperar:** la oportunidad de cambiar la opinión que alguien, o el mundo, tiene de ti.

▶ **Qué hay que desear:** coraje, un nuevo comienzo, una mejor auto-imagen y autodirección.

▶ **Qué hay que visualizar:** a ti mismo, con la apariencia exacta que te gustaría tener.

▶ **La idea que hay que tener en mente:** este es el inicio de mi nuevo ciclo de doce meses, y lo estoy comenzando de la misma forma que pretendo continuarlo.

▶ **Mensajes:** esta luna nueva es una de las más emocionantes, porque se refiere a la persona maravillosa que eres y que está en permanente cambio. Es el tiempo de mejorarse y desarrollarse. Tu aspecto personal debería ser una prioridad este mes, tienes permiso para ser un poquito vanidoso.

Intenta tener la apariencia con la que has soñado durante mucho tiempo y revisa detenidamente la imagen que ofreces a los demás. Esto puede sonar un poco superficial, pero ocúpate de tu aspecto físico y toma conciencia de que el mensaje que envías a través de él es una clave para el éxito.

Puedes vestirte como más te guste, pero este mes dedícale un poco más de tiempo a tu arreglo personal.

Este ciclo de la luna nueva te ofrece también una oportunidad anual para renovar tu guardarropa, hacerte un corte de pelo glamuroso, encargar unas nuevas tarjetas de visita o reestructurar tu página web. Básicamente, este período se refiere a la forma en que te presentas ante el mundo.

Tu popularidad está en alza este mes, de modo que acepta las invitaciones y disfruta de las atenciones que recibas. Este también es uno de los mejores momentos del año para iniciar todo tipo de nuevos proyectos.

Este mes tú estás en primer plano. Consigue que sea tu mes *selfie*. Si necesitas trabajar para mejorar la confianza en ti mismo en lo que se refiere a tu apariencia, la luna nueva te respaldará.

▶ **Cómo potenciar la meditación**: recita la siguiente afirmación antes de comenzar tus meditaciones: «Me doy permiso para evolucionar y cambiar».

▶ **Ritual**: después de expresar tus deseos de luna nueva, ponte de pie frente a un espejo, envía un beso amoroso a tu reflejo y di: «¡Te quiero!».

▶ **Qué es lo que hay que hacer:**
- Sorprende a tus amigos con «tu nuevo yo».
- Deshazte de todo lo antiguo y comienza otra vez.
- Esta es una ocasión ideal para casarse o conocer a alguien.
- También es un buen momento para mudarse.
- Utiliza colores vibrantes en algún objeto o actividad.
- Recibe un tratamiento facial.
- Asiste al oftalmólogo para que te revise la vista.

▶ **Las tres afirmaciones principales**: repite una de las siguientes afirmaciones, o las tres, durante esta luna nueva y las cuatro semanas siguientes:

1. «¡Hoy es el primer día del resto de mi vida!».
2. «Me siento orgulloso de mi apariencia».
3. «¡Soy valiente!».

▶ **Aceite esencial**: mientras inicias tu nuevo viaje, el aceite de semillas de angélica aliviará cualquier duda que tengas y aumentará tu autoestima y tu positividad. Utilízalo en esta luna nueva y durante las cuatro semanas siguientes, mientras te das un baño, en un difusor o directamente sobre tu cuerpo.

▶ **Energía numerológica**: el número de este mes es el uno, lo que significa que este es un período para pensar en ti mismo un poco más de lo habitual. ¿Cuáles son tus sueños, tus metas y tus aspiraciones? Céntrate. Sé muy consciente de que en este momento comienza tu nuevo ciclo lunar de doce meses con la luna nueva en la primera casa. Olvida el pasado y concéntrate en lo que quieres obtener en el presente y en lo que quieres crear para ti en el futuro.

▶ **Mantra**: este mes utiliza el mantra *Ram*. Cántalo en voz alta o mentalmente todos los días, cuando estés en la ducha, antes o después de meditar o en cualquier otro momento que te parezca conveniente. Este mantra potencia los chakras del mes.

▶ **Chakra 3D**: cuando empieces tu nuevo ciclo lunar con la luna nueva en tu primera casa, conecta con tu centro de poder: el chakra del plexo solar, también conocido como chakra *Manipura*. La primera casa es el sitio desde donde brillas: es la parte de tu carta astral que le muestra al mundo quién eres.

¿Qué es lo que deseas crear en los próximos doce meses a medida que sigues el recorrido de la luna nueva a través de tu carta astrológica? Haz una lista de deseos. Este chakra es amarillo y se asienta entre el ombligo y la parte inferior del esternón. Está asociado al poder, la libertad y el control.

▶ **Chakra 5D**: la Estrella de la Tierra, de color blanco y negro, y que se encuentra debajo de los pies, es el chakra de este mes. Allí se almacena todo lo que puedes conseguir en esta vida. Tener este chakra en buena forma te ayudará a sentirte a gusto y a ser capaz de desarrollar todo el potencial con el que has venido a la Tierra en esta vida.

▶ **El arcángel que nos guía**: Ariel es el arcángel conocido como *el embajador angélico de la magia divina y la manifestación milagrosa*. Nos recuerda que cualquier cosa es posible si enfocamos la vida con la inocencia de un niño. Esa actitud puede obrar maravillas. Para conectarte con el arcángel Ariel, simplemente debes pronunciar su nombre y pedirle ayuda:

> Amado arcángel Ariel, te ruego que estés a mi lado durante este mes mientras inicio este nuevo ciclo tan importante de mi vida. Con tu ayuda y tu guía, puedo alcanzar mi máximo potencial en cualquier área de mi vida. Muchas gracias.

▶ **La diosa que nos guía:** Atenea es una diosa muy poderosa que puede ayudarte mientras pones en marcha nuevos proyectos. Es la diosa guerrera y protectora. Invoca a Atenea cuando necesites coraje para emprender nuevos propósitos: no conoce el miedo. Para conectar con ella, lo único que debes hacer es pronunciar su nombre y pedirle ayuda:

> Amada Atenea, te ruego permanezcas a mi lado este mes mientras trabajo para ser más valiente y osado para perseguir mis sueños. Con tu ayuda y tu guía, puedo alcanzar todo mi potencial en esta área. Muchas gracias.

▶ **Ley universal:** la ley de este mes es la ley de la unicidad divina, que afirma que todos estamos conectados con todos los seres vivientes; todo lo que pensamos, hacemos y decimos provoca una reacción en cadena en nosotros y en las personas que nos rodean, y de hecho también en el mundo y el Universo.

▶ **Rayo celestial:** el rayo de este mes es el primer rayo; está gobernado por el maestro ascendido El Morya y supervisado por Manu Allah Gobi. Este rayo es rojo, de manera que visualiza este color mientras meditas este mes. El primer rayo afianzará todo lo que necesitas al iniciar este nuevo ciclo: solicita valentía, confianza y poder interior, coraje, pasión, fuerza impulsora y entusiasmo. Pide que tu deseo se integre con el deseo y el plan divino del Creador.

La luna nueva (o eclipse solar) en tu segunda casa

(Conocida también como la zona del dinero en efectivo, las propiedades y los valores financieros)

▶ **Se refiere a**: tu dinero en efectivo y tus propiedades, tus talentos y tus valores.

▶ **Qué cabe esperar**: el dinero y las posesiones estarán en el foco de la atención este mes.

▶ **Qué hay que desear**: abundancia económica, una mayor autoestima y todo lo que realmente deseas.

▶ **Qué hay que visualizar**: visualiza que estás en tu casa ideal, feliz y en compañía de tus seres queridos

▶ **La idea que hay que tener en mente**: ¿es estable mi vida? Si la respuesta es negativa, ¿qué pasos debo dar para que lo sea?

▶ **Mensajes**: esta luna nueva puede ayudarte a mejorar tu economía. Es un tiempo para recordar que eres magnífico y grandioso. Este período te ofrece una oportunidad especial para revisar tus valores, y no estoy hablando únicamente de los valores que tienes en el banco. Es mucho más profundo que eso. ¿Qué es lo que tienes para ofrecer al mundo? Valórate a ti mismo, y los demás también te valorarán. Del mismo modo, te insta a que revises tu autoestima y la confianza en ti mismo y que trabajes con ellas. Quiérete. No hay nada malo en hacerlo, todo lo contrario.

Los ingresos, la economía y los presupuestos salen a la luz en este período. ¿Cómo puedes encontrar estabilidad en estas áreas? La luna nueva te respalda mientras trabajas con estas áreas de tu vida. El primer paso es creer en ti mismo. Cuanto más te valores a ti mismo, más te valorarán los demás. Y aquí no me estoy refiriendo a ser vanidoso, sino a algo mucho más profundo: a tener confianza en ti mismo. Este mes tu prioridad debe ser la gestión financiera. Reflexiona sobre lo que realmente valoras y lo que tienes para ofrecer al mundo.

▶ **Cómo potenciar la meditación**: recita la siguiente oración antes de comenzar tus meditaciones: «Creo en mí mismo y en lo que tengo para ofrecer al mundo».

▶ **Ritual**: después de expresar tus deseos de luna nueva, rellena un cheque para ti mismo con la cantidad de dinero que te gustaría recibir.

▶ **Qué es lo que hay que hacer:**
- Abre una cuenta de ahorro.
- Paga tus facturas, tus impuestos, tus deudas, etc.
- Contrata a un contable si este trabajo es demasiado para ti.
- Muestra tus talentos.
- Recibe un masaje en el cuello y en los hombros.
- Compra una crema de buena calidad para el cuello.
- Haz el amor en el campo.

▶ **Las tres afirmaciones principales**: repite diariamente una de las siguientes frases, o las tres, durante esta luna nueva y en las cuatro semanas siguientes:

1. «¡Me siento feliz, sano, poderoso y sabio!».
2. «¡Gracias, Universo, por cubrir todas mis necesidades!».
3. «¡Las merezco!».

▶ **Aceite esencial**: un aceite maravilloso para calmar los miedos que puedan surgir en torno al dinero es el de *ylang ylang*. Es un aceite muy relajante, justamente lo que necesitas si tienes preocupaciones económicas. Respira profundamente y recuerda que el dinero es energía y que responde a nuestras emociones.

▶ **Energía numerológica**: el número de este mes es el dos, y te recuerda que debes aprender a amarte a ti mismo; si has estado comparándote con otras personas, ha llegado el momento de dejar de hacerlo. Ponte en contacto con tu lado femenino, independientemente de que seas hombre o mujer.

▶ **Mantra**: este mes utiliza el mantra *Lam*. Cántalo en voz alta o mentalmente todos los días, cuando estés en la ducha, antes o después de meditar, o en cualquier otro momento que te parezca conveniente. Este mantra potencia los chakras del mes.

▶ **Chakra 3D**: este mes trabaja con el chakra raíz, conocido también como *Muladhara*, visualizando una luz roja que gira en torno a la parte superior de tus piernas. Esto te ayudará a alejar cualquier miedo que puedas albergar en relación con tu capacidad para resolver tus necesidades materiales. En este chakra almacenamos los miedos asociados a nuestra seguridad y supervivencia. Una vez que el chakra recupere su armonía, nuestra economía podrá comenzar a fluir más libremente y podremos llenar nuestros bolsillos.

▶ **Chakra 5D**: el chakra raíz es de color platino y rezuma alegría: piensa en un niño feliz que está jugando, riéndose despreocupadamente, y sintonízate con ese sentimiento. Activa este chakra visualizando un color platino resplandeciente alrededor de la parte superior de tus piernas. Tus necesidades materiales se verán satisfechas más rápidamente que nunca.

▶ **El arcángel que nos guía**: como todos los arcángeles, Chamuel puede ayudarte con cualquier cosa que le pidas, pero sus «temas especiales» incluyen ayudar a las personas en su búsqueda de relaciones amorosas, amistades, trabajos adecuados y paz interior a lo largo de su vida. Para conectar con el arcángel Chamuel lo único que tienes que hacer es pronunciar su nombre y solicitar su ayuda:

Amado arcángel Chamuel, por favor quédate conmigo este mes mientras encuentro mi camino. Con tu ayuda y guía, puedo llegar a tener un potencial pleno en todas las áreas de mi vida. Muchas gracias.

▶ La diosa que nos guía: la diosa Abundancia (*Ops* en latín) era la personificación divina de la abundancia y la prosperidad en la religión de la antigua Roma. Por lo general es representada sosteniendo una cornucopia llena de abundancia, buena suerte y buena fortuna. Su nombre significa 'mucho' o 'desbordante de riquezas'. Con toda certeza es la diosa de la prosperidad a la que debes recurrir cuando tienes problemas económicos.

▶ Ley universal: este mes debes acatar la ley de la vibración, que afirma que todo lo que existe en el Universo conocido vibra, se mueve y se desplaza en círculos. De un modo similar, nuestros pensamientos, sentimientos y deseos también son pura vibración. Elevar nuestras vibraciones a través del canto, la danza, los cánticos, la música agradable y la meditación nos ayuda a mantenernos alineados con el Universo.

▶ Rayo celestial: el segundo rayo, de color azul, está gobernado por el Maestro Joshua y supervisado por el Maestro Ascendido Maitreya. Este rayo afianza la sabiduría de la Fuente y es conocido por ayudar a los mortales en su desarrollo espiritual. Si estás interesado en ocuparte de tu desarrollo espiritual, visualiza el color azul regularmente durante tus meditaciones a lo largo de este mes.

La luna nueva (o eclipse solar) en tu tercera casa
(Conocida también como la zona de tus comunicaciones)

▶ **Se refiere a**: comunicar, escuchar y hablar. Y también a tu capacidad de comunicación y a dedicar tiempo a encontrarte con tus hermanos.

▶ **Qué cabe esperar**: ¡un mes muy ajetreado!

▶ **Qué hay que desear**: adquirir la capacidad de expresarte con claridad y saber transmitir tus mensajes.

▶ **Qué hay que visualizar**: visualiza que estás abrazando a alguien y que estás haciendo exactamente lo que querías con todo tu corazón.

▶ **La idea que hay que tener en mente**: ¿eres sincero? Y si no lo eres, ¿por qué ocultas la verdad? Analiza esta idea durante este mes y sé rigurosamente sincero contigo mismo y con los demás (por supuesto, sin ser cruel).

▶ **Mensajes**: es hora de ponerte al día con tus poderes de comunicación. ¿Eres efectivo a la hora de expresar tus mensajes? Si deseas algo que otra persona está en posición de ofrecerte, ¿te sientes cómodo pidiéndoselo (sea en una conversación o a través de un correo electrónico)?

Es muy importante que te expreses con propiedad y comuniques tus deseos claramente, en lugar de esperar que quienes te conocen bien se anticipen a lo que estás pensando. Esta luna nueva te ofrece la oportunidad de comenzar otra vez en lo que se refiere a las comunicaciones escritas y habladas. También puede indicar el inicio de un período muy atareado, con muchos viajes cortos y rápidos, o también pasar más tiempo con tu familia.

▶ **Cómo potenciar la meditación**: recita la siguiente oración antes de iniciar tus meditaciones: «Yo leo, escucho y aprendo; y respiro profundamente cuando estoy estresado».

▶ **Ritual**: canta el mantra *Hum* para potenciar tu chakra de la garganta.

▶ **Qué es lo que hay que hacer:**
- Asiste a un cursillo de oratoria.
- Lee todos los libros que tienes apilados.
- Haz un viaje corto.
- Encuéntrate con un miembro de tu familia.
- Estudia un idioma extranjero.
- Escucha atentamente a los demás.
- Escribe esas cartas que has estado postergando.

▶ **Las tres afirmaciones principales**: repite una de estas afirmaciones, o las tres, durante esta luna nueva y las cuatro semanas siguientes:

1. «Me expreso con claridad, con amabilidad y sin ningún temor».
2. «Escucho tanto como hablo».
3. «Mi relación con mi familia y/o vecinos es cada día mejor».

▶ **Aceite esencial**: el aceite de bergamota es muy útil para engrasar las ruedas de la comunicación. Utilízalo en esta luna nueva y durante las cuatro semanas siguientes mientras te das un baño, en un difusor o directamente sobre tu cuerpo.

▶ **Energía numerológica**: ocúpate de pasarlo bien con el número de este mes, el tres, que representa la creatividad y la expresión. La energía de este número se refiere a la forma en que disfrutamos de la vida cuando nos expresamos plenamente y la comunicación fluye de una forma sencilla.

❭ **Mantra:** este mes utiliza el mantra *Hum*. Cántalo en voz alta o mentalmente todos los días, cuando estés en la ducha, antes o después de meditar, o en cualquier otro momento que te parezca conveniente. Este mantra potencia los chakras del mes.

❭ **Chakra 3D:** este mes trabaja con el chakra de la garganta, conocido también como *Vishudha*, visualizando una luz de color azul cielo que gira en la base de tu garganta. Todos necesitamos expresarnos con claridad si queremos materializar la vida con la que soñamos. La expresión y este chakra están estrechamente vinculados cuando se trata de manifestar. Tu palabra es tu varita mágica. Este es el chakra desde el cual expresas tu voluntad, y tu voluntad afecta a tu vida. ¿Cómo de firme es tu voluntad? Reflexiona sobre esto a lo largo de este mes.

❭ **Chakra 5D:** en la quinta dimensión, el chakra del sacro es de un precioso color rosado, suave y nacarado, que irradia amor trascendente. Este chakra es el portal a través del cual puedes expresar el amor mediante la sexualidad. Una vez que este chakra esté en armonía, elegirás tus parejas amorosas con más tino o tu vida sexual con tu pareja actual será más satisfactoria.

❭ **El arcángel que nos guía:** el arcángel Zadkiel es el arcángel de la compasión y el perdón, el perdón que procede del corazón. También es el arcángel de la memoria. Para conectar con él solo tienes que encender una vela, pronunciar el nombre Zadkiel y solicitar su ayuda:

> Amado arcángel Zadkiel, por favor quédate
> conmigo este mes mientras me expreso abierta y
> sinceramente con todo el mundo. Con tu ayuda y guía,
> puedo llegar a disfrutar de mi pleno potencial para
> comunicarme con los demás. Muchas gracias.

También puedes pedirle ayuda a Zadkiel para mejorar la relación con tus hermanos o vecinos, si lo necesitas.

▶ **La diosa que nos guía:** Saraswati es la diosa Hindú de la inteligencia y la sabiduría femenina divina. Es también la diosa que le dio el lenguaje al mundo. De manera que pide ayuda a Saraswati, independientemente de que estés escribiendo o presentando algo o hablando. Cuando esta parte de tu carta sea activada, habrá llegado la hora de pensar si estás emitiendo correctamente tus mensajes tanto en tu vida personal como profesional. Si quieres conectarte con Saraswati, solo debes pronunciar su nombre y pedirle su ayuda.

▶ **Ley universal:** la ley de la acción está en el centro de la atención este mes. ¿Qué sucede si tienes un montón de esperanzas y sueños pero no haces nada por conseguirlos? Lo más probable es que no ocurra nada. Debe activarse la ley universal de la acción para que podamos materializar la vida que soñamos tener aquí en la Tierra. ¿Has pasado a la acción? ¿Qué puedes hacer para acercarte más a tus sueños?

▶ **Rayo celestial:** el tercer rayo amarillo está gobernado por el Maestro Serapis Bey y supervisado por Mahachohan Saint Germain. Este rayo afianza la capacidad de materializar a través del poder de la mente y proporciona lucidez. Rodearte del color amarillo durante este ciclo te recordará que debes permitir que la luz entre en tu vida en la forma de un conocimiento que se adquiere a través de una mente abierta.

La luna nueva (o eclipse solar) en tu cuarta casa
(Conocida también como la zona del hogar y la familia)

▶ **Se refiere a**: el hogar y la familia, el lugar de donde procedes, el sitio donde se encuentra tu hogar y lo que significa la familia.

▶ **Qué cabe esperar**: pueden salir a la luz temas relacionados con el hogar y la familia.

▶ **Qué hay que desear**: una vida hogareña sana y feliz.

▶ **Qué hay que visualizar**: visualiza un día perfecto en el campo o en casa con tu familia o con las personas que son como tu familia para ti.

▶ **La idea que hay que tener en mente**: tu casa; el sitio de donde procedes y el sitio al que perteneces.

▶ **Mensajes**: ¿qué significa «hogar» para ti? Sea cual sea tu respuesta, te ofrecerá un buen indicio sobre cuáles son las partes de tu vida que van a ocupar el centro de la atención en las próximas cuatro semanas.

La luna nueva en esta parte de tu carta natal a menudo significa comenzar de cero en lo que se refiere a tu vida hogareña; puede anunciar una mudanza o algo que cambiará dentro o fuera de tu casa, y también indica despejar, renovar o redecorar.

Las familias a menudo están en el primer plano cuando la luna nueva se encuentra en esta parte de tu carta astrológica; es probable que tu padre o tu madre necesiten especialmente que les dediques más tiempo durante este período.

▶ **Cómo potenciar la meditación**: recita la siguiente oración antes de iniciar tus meditaciones: «Sé cuál es el sitio al que pertenezco».

▶ **Ritual:** haz un dibujo de tu familia (o de las personas que sientes que son tu familia). No es necesario tener talento para el dibujo, pueden ser monigotes. Luego dibuja un enorme corazón a su alrededor. Envía amor a cada persona, una por una.

▶ **Qué es lo que hay que hacer:**
- Organiza un rastrillo de segunda mano en tu casa.
- Abraza a tus padres.
- Organiza tus álbumes de fotos o tus archivos de fotos digitales.
- Invita a tus amigos a tu casa.
- Renueva o redecora tu casa para sentirte más a gusto en ella.
- Vende tu casa o cambia de localidad, o incluso de país.
- Pregunta a tus abuelos sobre la historia de tu familia.

▶ **Las tres afirmaciones principales:** repite una de las siguientes afirmaciones, o las tres, durante esta luna nueva y las cuatro semanas siguientes:

1. «Quiero a mi familia y mi familia me quiere a mí».
2. «¡Me siento seguro y todo está bien!». Esta es la afirmación más famosa de Louise Hay y funciona maravillosamente bien en este período.
3. «¡Me encanta mi casa!». (Recuerda que las afirmaciones sirven para manifestarse. Experimenta la sensación de amar tu casa mientras te diriges hacia ella, incluso aunque realmente no te guste tu casa actual).

▶ **Aceite esencial:** el pachuli es un afrodisíaco que ejerce un efecto positivo sobre el espíritu. Reduce la depresión y fomenta el buen funcionamiento del sistema inmunitario. Colócalo en un difusor para animar las vibraciones en el interior de tu casa.

▶ **Energía numerológica**: el número cuatro representa ser organizado, práctico y productivo. Piensa en él como los cuatro pilares que sostienen el mundo. Está vinculado a ser disciplinado, fuerte, fiable y estable.

▶ **Mantra**: este mes utiliza el mantra *Om*. Cántalo en voz alta o mentalmente todos los días, cuando estés en la ducha, antes o después de meditar, o en cualquier otro momento que te parezca conveniente. Este mantra potencia los chakras del mes.

▶ **Chakra 3D**: este mes trabaja con el chakra del tercer ojo, conocido también como *Anja*, visualizando una luz de color índigo que gira en el centro de tu frente. Tu intuición aumentará considerablemente si utilizas este ciclo para fomentarla. Todos podemos beneficiarnos de la intuición, tanto en nuestra vida personal como profesional.

▶ **Chakra 5D**: el chakra del ombligo, de color naranja, es cálido, acogedor y sugerente. Cuando gira adecuadamente, encuentras a las personas que se sienten magnéticamente atraídas por ti. Si sientes que tu jornada no está fluyendo como debiera, o que no estás en armonía con la vida, debes trabajar con este chakra. Imagínalo a la altura del ombligo, girando e irradiando un maravilloso color naranja.

▶ **El arcángel que nos guía**: el arcángel Gabriel está estrechamente vinculado con la familia, el embarazo y la crianza de los niños. Guía a los padres que tienen la esperanza de concebir un hijo. También ofrece su ayuda a todos los padres y madres que necesitan aprender a educar a sus hijos mientras viven las maravillas y los desafíos que implican la paternidad y la maternidad. Para conectar con el arcángel Gabriel únicamente tienes que encender una vela, pronunciar su nombre y pedirle su ayuda:

> Amado arcángel Gabriel, te ruego que permanezcas a mi lado a lo largo de este mes mientras trabajo con mi vida personal y mis relaciones familiares y... [insertar todo lo que sea oportuno]. Con tu ayuda y tu guía, puedo alcanzar mi máximo potencial. Muchas gracias.

Si lo necesitas, también puedes pedirle que te ayude con asuntos relacionados con tu casa.

▶ **La diosa que nos guía:** habla con Diana, la diosa de la caza y de las brujas, si aspiras a conseguir algo o a alguien, si quieres olvidarte de la formalidad para ser simplemente tú mismo y perseguir tus objetivos, si necesitas ser más independiente o incluso si últimamente has estado demasiado apegado a otras personas. También puede ayudarte a educar a tus hijos o a resolver tu reciente tendencia a agobiar a tus amigos o familiares con excesivas muestras de cariño protector. Para conectar con Diana simplemente debes pronunciar su nombre y pedirle su ayuda.

▶ **Ley universal:** la ley de la correspondencia nos recuerda que la vida exterior es un reflejo de nuestra vida interior. Es el principio de «como es arriba es abajo, y como es dentro es fuera». De manera que nuestra vida, nuestro mundo, nuestra realidad es un espejo de lo que está ocurriendo dentro de nosotros mismos. Si la realidad exterior es confusa, insatisfactoria o infeliz, eso no es más que un reflejo directo de lo que está teniendo lugar en nuestro interior.

▶ **Rayo celestial:** el cuarto rayo está gobernado por el maestro Pablo el Veneciano y supervisado por Mahachohan Saint Germain. La paz, la tranquilidad, el equilibrio y la armonía se encuentran ahí fuera en el éter, a la espera de que los consoles. Este rayo es verde, de manera que concéntrate en este color durante tus meditaciones y pide ayuda a Saint Germain. El cuarto rayo también puede conseguir que se manifiesten habilidades artísticas y ayudarte a expresar las necesidades de tu alma de una forma creativa, revelando así tu propia belleza interior. También es un rayo purificador.

La luna nueva (o eclipse solar) en tu quinta casa
(Conocida también como la zona de la diversión)

▶ **Se refiere a**: la creatividad, los niños y los romances; quizás uno, quizás los tres.

▶ **Qué cabe esperar**: risa y diversión, pasar tiempo con los niños, más creatividad.

▶ **Qué hay que desear**: recordar que la vida es un juego.

▶ **Qué hay que visualizar**: visualiza que pasas buenos momentos con la persona que amas.

▶ **La idea que hay que tener en mente**: la vida es tan divertida como nosotros la hagamos.

▶ **Mensajes**: la parte de tu carta astrológica que se activa en este período se relaciona con tres áreas principales: la creatividad, los niños y los romances sexuales (frente a los romances serios y formales).

En cuanto a la creatividad, si eres un artista frustrado, las próximas cuatro semanas te ofrecerán una excelente oportunidad para trabajar con tus talentos.

En lo que se refiere a un flirteo sexual, ahora son posibles los romances inminentes, y si das lo mejor de ti durante la luna nueva de este mes y buscas la forma de que en tu vida haya más juegos eróticos, podrías vivir las relaciones antiguas como idilios recién estrenados.

¿Y los niños? Independientemente de que se trate de tus propios hijos o de los hijos de otra persona, los niños generalmente cobran importancia cuando la luna nueva está en la quinta casa.

▶ **Cómo potenciar la meditación**: recita la siguiente oración antes de comenzar tus meditaciones: «Este mes mi niño interior tendrá un balón».

▶ **Ritual**: ríete con todas tus ganas durante uno o dos minutos. No te preocupes por sentirte ridículo. ¡Simplemente ríe!

▶ **Qué es lo que hay que hacer**:
- Asiste a clases de danza del vientre; sus movimientos son eróticos, y esto resume las características de la quinta casa.
- Haz un juguete para un niño (más allá de que sea tu hijo o el de otras personas).
- Busca una pareja.
- Emprende una aventura con tu pareja.
- Escribe un relato breve, pinta un cuadro o haz cualquier otra cosa que sea una expresión creativa.
- Haz algo que represente tu idea del entretenimiento. Organiza una fiesta.

▶ **Las tres afirmaciones principales**: repite una de las tres afirmaciones, o las tres, durante esta luna nueva y las cuatro semanas siguientes:

1. «¡La vida es dulce!».
2. «¡Dejo salir a mi niño interior para que se divierta!».
3. «¡Soy una persona creativa y mis ideas no dejan de fluir!».

▶ **Aceite esencial**: el aceite de canela es realmente útil para todas las cuestiones asociadas a la quinta casa. Por un lado, es un afrodisíaco y esta parte de la carta natal tiene un aspecto muy vinculado a la seducción y el coqueteo. Este aceite controla los azúcares presentes en sangre; en otras palabras, si te has excedido con tu quinta casa y has tenido demasiada diversión, este aceite puede poner las cosas en orden. Por otro lado, es conocido por ser uno de los aceites esenciales que promueven la felicidad y esta parte de tu carta astrológica se refiere a pasarlo bien.

▶ **Energía numerológica**: el número cinco está asociado a ser independiente. Siempre está en movimiento y tiene una necesidad constante de cambiar, como si fuera un niño. Y, por supuesto, los niños caen bajo la influencia de la quinta casa, de manera que abraza a tus hijos o abraza a tu niño interior a lo largo de este mes.

▶ **Mantra**: este mes utiliza el mantra *Vam*. Cántalo en voz alta o mentalmente todos los días cuando estés en la ducha, antes o después de meditar, o en cualquier otro momento que te parezca conveniente. Este mantra potencia los chakras del mes.

▶ **Chakra 3D**: el chakra 3D de este mes es el chakra del sacro, también conocido como *Svadhisthana*. Está asociado a la comida y al sexo; es muy adecuado para la parte de tu carta natal que se relaciona con divertirse. Representa tu capacidad para reconocer lo que deseas, lo que te permitirá disfrutar de la vida y sentirte satisfecho. También representa tu disposición a sentir tus emociones y a concederte permiso para pasarlo bien. Su color es el naranja.

▶ **Chakra 5D**: lo más maravilloso que tiene el chakra del plexo solar, que es de color dorado y tiene luces de los colores del arcoíris, es que puede absorber cualquier energía negativa que haya a tu alrededor y transmutarla. Esto fortalece la confianza en ti mismo y te permite desarrollar todo tu potencial. Cuando crees en tu propia persona, eres más capaz de llegar a ser sabio.

▶ **El arcángel que nos guía**: el arcángel Raziel nos proporciona información esotérica. Es el arcángel que puede ayudarnos a comprender el simbolismo espiritual profundo, las vidas pasadas, la interpretación de los sueños, la geometría sagrada, etc.

Piensa en la carta de *El Sol* del tarot y tendrás una noción aproximada de cómo trabajan conjuntamente el arcángel Raziel y la quinta casa, arrojando luz y comprensión donde hubo confusión o desentendimiento. Para conectar con el arcángel Raziel lo único que debes hacer es encender una vela, pronunciar su nombre y pedirle su ayuda.

> Amado arcángel Raziel, por favor quédate conmigo este mes mientras trabajo para que mi luz brille. Con tu ayuda y guía, puedo alcanzar mi máximo potencial. Muchas gracias.

Si lo necesitas, también puedes pedirle que te ayude con temas que estén asociados a tu hogar.

▶ **La diosa que nos guía**: habla con Medusa, la diosa del sol, si estás deseando ver la vida tal como realmente es y además aspiras a ser valiente y perseguir tus sueños sin preocuparte por la aprobación de los demás. Habla con ella si anhelas que tu luz brille en el mundo sin albergar ningún temor de que eso podría molestar a alguien. Para conectar con la Medusa, solo tienes que pronunciar su nombre y pedirle su ayuda.

▶ **Ley universal**: la ley de este mes es la ley de causa y efecto. Acepta que todo sucede por alguna razón, que siempre hay una causa y un efecto. En otras palabras, nada ocurre por casualidad. Para toda acción (incluyendo nuestros pensamientos) hay una reacción o consecuencia. «Cosechamos lo que sembramos». ¿Qué significa esto para ti? Observa qué es lo que sucede este mes y pregúntate: «¿Por qué?».

▶ **Rayo celestial:** el quinto rayo es de color naranja y está gobernado por el maestro Hilarión y supervisado por Mahachohan Saint Germain. Este rayo está conectado con la ascensión y el proceso de desarrollo espiritual. También está relacionado con la activación y la evolución del alma. Asiste a la ciencia, pero a un nivel superior. También fomenta la capacidad del alma para integrarse con lo que «hay» en nuestra vida, aquí en la tercera dimensión.

La luna nueva (o eclipse solar) en tu sexta casa
(Conocida también como la zona de tu trabajo diario y tu salud)

▶ **Se refiere a:** tu trabajo diario y tus rutinas de salud.

▶ **Qué cabe esperar:** una oportunidad para cambiar tus hábitos diarios o tu tipo de trabajo.

▶ **Qué hay que desear:** la oportunidad de ayudar a otras personas.

▶ **Qué hay que visualizar:** visualiza que estás adoptando un nuevo hábito muy saludable o que mantienes uno que ya habías incorporado a tu vida.

▶ **La idea que hay que tener en mente:** un cuerpo sano y una mente sana. Existe realmente una conexión entre ambos y cuando se activa la sexta casa de tu carta astrológica, llega el tiempo de trabajar en esa conexión. Esta es una oportunidad para limpiar realmente tu organismo y aprovechar los beneficios de una vida más limpia y austera que solo tiene lugar una vez al año.

▶ **Mensajes:** la parte de tu carta astrológica que se activa en este período está asociada a tu cuerpo, tu mente y tu bienestar. Si últimamente no te has cuidado como corresponde, puede que ahora empiecen a surgir ciertos problemas, de manera que debes prestar mucha atención a lo que necesitas hacer para resolverlos.

Es un momento perfecto para apuntarte al gimnasio o hacer algunas rutinas de ejercicio físico que has dejado olvidadas. También es un período maravilloso para empezar de cero en todo lo que atañe a tu salud, por ejemplo, dejar de fumar o modificar tu dieta.

También tus rutinas laborales diarias están bajo el microscopio. Recuerda que una luna nueva siempre se relaciona con los inicios; por lo tanto, utiliza este mes como un indicador de lo que necesitas y deseas mejorar en los próximos doce meses.

▶ **Cómo potenciar la meditación:** recita la siguiente oración antes de comenzar tus meditaciones: «Mi bienestar está en el centro de la atención este mes».

▶ **Ritual:** mira tu agenda, observa lo que hay apuntado para la próxima semana y bendícelo.

▶ **Qué es lo que hay que hacer:**
- Apúntate nuevamente al gimnasio o simplemente ve regularmente otra vez. ¿No te gusta ir al gimnasio? En ese caso sal a caminar, asiste a clases de yoga de forma regular o realiza cualquier otra actividad que te ayude a ponerte en movimiento.
- Piensa en tu dieta: ella no puede ocuparse de sí misma.
- Esta casa también gobierna el servicio a los demás, de manera que ayuda a alguna persona a lo largo de este mes.
- Habla con tu jefe sobre cualquier preocupación que tengas en el trabajo.
- Lee un libro sobre el pensamiento positivo.
- Toma comidas o cenas saludables durante un mes, sin excepciones.
- Aprende a meditar.

▶ **Las tres afirmaciones principales**: repite una de las siguientes afirmaciones, o las tres, durante esta luna nueva y las cuatro semanas siguientes:

1. «Cada día soy un poco más organizado».
2. «Ofrezco un servicio excelente con una retribución maravillosa».
3. «Mi prioridad es mi bienestar, estoy recuperando la normalidad».

▶ **Aceite esencial**: si tienes problemas para expresarte o te sientes agobiado por tus actividades cotidianas, intenta untarte un poco de aceite del árbol del té en la base de la garganta o en las muñecas. También puedes echar unas gotas en el baño o en el difusor.

▶ **Energía numerológica**: el número seis es el más armonioso de todos los números que van del uno al nueve. Es el número de la casa, la familia y el amor, y tiene una cualidad muy amorosa y protectora. También se relaciona con entregarse a los demás, cuidar, proteger y enseñar, motivo por el cual está estrechamente asociado a la familia en general, y a la paternidad y la maternidad en particular.

▶ **Mantra**: este mes utiliza el mantra *Hum*. Cántalo en voz alta o mentalmente todos los días, cuando estés en la ducha, antes o después de meditar o en cualquier otro momento que te parezca conveniente. Este mantra potencia los chakras del mes.

▶ **Chakra 3D**: debido a su asociación con Virgo, y por lo tanto con Mercurio, el chakra de la garganta, conocido también como *Vishudha*, es nuevamente el chakra del mes: si has pasado de una a otra casa y de uno a otro chakra por orden, esta será la segunda vez que trabajes con este importante chakra.

El chakra de la garganta está asociado con la comunicación y la voluntad, y también con aprender a conseguir lo que deseas para tu vida. Trabaja con él visualizando una luz de color azul cielo que gira en la base de tu garganta. Solicita a los arcángeles que te ofrezcan su ayuda para potenciar tu capacidad de comunicación.

▶ **Chakra 5D:** el chakra del corazón te ayudará a hacer la transición hacia la quinta dimensión cuando llegue el momento de ascender. Sientes y expresas el amor desde este chakra de luz blanca y pura. Probablemente hubieras dicho que este chakra está vinculado con la siguiente casa, la séptima; sin embargo, si de verdad deseas trabajar con los doce chakras 5D a lo largo del año, este es el mes en el que debes ocuparte de tu chakra 5D del corazón. Debo añadir que cualquier momento es bueno para hacerlo.

▶ **El arcángel que nos guía:** Metatrón es uno de los dos arcángeles que una vez fueron profetas humanos; el otro es el arcángel de Piscis cuyo nombre es Sandalfón. El arcángel Sandalfón fue Enoc, el autor de *El libro de Enoc.** El arcángel Metatrón es conocido actualmente como «el escriba de Dios» y es un maestro del conocimiento esotérico. Es el primer arcángel del árbol de la vida de la Cábala, y esto significa que ayuda a quienes acaban de iniciar su camino espiritual.

Por esta razón, Metatrón ayuda a los niños a descubrir, potenciar y conservar sus dones espirituales. Metatrón también trabaja conjuntamente con tu sexta casa mientras estás atravesando un proceso de sanación o purificando tu energía. Para conectar con él, solo tienes que encender una vela, pronunciar su nombre y solicitar ayuda:

---

* N. de la T.: El *Libro de Enoc* (o *Libro de Henoc*) es un libro que forma parte del canon de la Biblia de la Iglesia ortodoxa etíope, pero no es reconocido como canónico por las demás iglesias cristianas a pesar de haber sido encontrado en algunos de los códices de la Septuaginta (Códice Vaticano y Papiros Chester Beatty).

Amado arcángel Metatrón, por favor quédate conmigo
este mes mientras trabajo para purificar todos los
aspectos de mi vida. Con tu ayuda y guía, puedo
alcanzar mi máximo potencial. Muchas gracias.

▶ **La diosa que nos guía:** Ceres es la diosa romana de las dosechas, aunque también es conocida como la diosa de la fecundidad y de las relaciones maternales. La cosecha es un trabajo duro y esta es la parte de tu carta natal donde debes encargarte de tu trabajo. Esta parte de la carta gobierna asimismo nuestra salud, de modo que habla con Ceres si tienes problemas de esa índole. Pídele ayuda para modificar tu dieta. También puedes hablar con ella sobre temas relacionados con la fertilidad.

▶ **Ley universal:** la ley que hay que acatar este mes es la ley de la compensación. Resulta interesante observar que esta era la regla de oro de Napoleon Hill, uno de los primeros expertos en éxito personal,* que llegó a ser muy famoso. Esta ley afirmaba que todo lo que hacemos vuelve a nosotros. Cosechamos lo que sembramos. O en palabras de Hill: «En cuanto empiezas a dar, pronto empiezas a recibir». La ley de la compensación eterna equilibra todo lo que hay en el Universo.

▶ **Rayo celestial:** el sexto rayo, de color índigo, está gobernado por el maestro Lanto y supervisado por Mahachohan Saint Germain. Es un manantial puro de devoción. Este mes es un período para aceptar que la energía del Creador reside realmente en el interior de nuestro cuerpo terrenal y en nuestra realidad.

---

* N. de la T.: Napoleon Hill fue un escritor estadounidense (1883-1970), considerado el autor de autoayuda y superación personal más prestigioso del mundo. Fue asesor de varios presidentes de Estados Unidos. Su libro *Piense y hágase rico* es uno de los libros más vendidos a nivel mundial.

Se trata de una energía muy inspiradora que te permitirá conectarte más estrechamente con lo Divino en cuanto comprendas que lo Divino está dentro de ti. Los pequeños rituales devocionales, como por ejemplo encender incienso y practicar yoga, fomentarán tu conexión con lo Divino.

La luna nueva (o eclipse solar) en tu séptima casa
(Conocida también como tu zona del amor)

▶ **Se refiere a**: el amor y el matrimonio, las relaciones, las asociaciones comerciales, los contactos influyentes, los amigos y los enemigos.

▶ **Qué cabe esperar**: pueden surgir asuntos vinculados con el amor y las relaciones, afortunadamente para encontrar soluciones.

▶ **Qué hay que desear**: tener la mejor relación posible con todas las personas que conoces.

▶ **Qué hay que visualizar**: visualiza que estás frente a frente con alguien a quien quieres o con alguien con quien tienes un conflicto.

▶ **La idea que hay que tener en mente**: «Yo soy tú y tú eres yo. Somos uno». A pesar de que la séptima casa representa nuestras relaciones más importantes, utiliza este mes para tener en cuenta la idea de que por debajo de los egos y las diferencias, todos somos uno. Estamos todos conectados con todos los seres vivientes que hay sobre la Tierra. Este es un mes para sanear tus relaciones.

▶ **Mensajes**: la persona que amas o que has amado, o un amor potencial está en el centro de la atención cuando llega esta luna nueva. Ha llegado la hora de reflexionar sobre todas tus relaciones.

Si estás con alguien, ¿qué puedes hacer para renovar tu relación amorosa? ¿Todavía necesitas desprenderte del pasado? ¿Crees que eres hábil en lo que atañe a las cuestiones amorosas? Si no estás enamorado y no has tenido la suerte de conocer a alguien últimamente, este es un buen momento para tener una cita a ciegas. Si todavía no puedes cortar los lazos con el pasado, llama a tu ex (si lo consideras conveniente) para tener una conversación con él o ella y cerrar la historia. Comprueba si puedes colaborar ahora con tu pareja (pasada o actual), ya que la séptima casa se refiere al equilibrio, a la cooperación y a hacer lo que es correcto.

▶ **Cómo potenciar la meditación:** recita la siguiente oración antes de comenzar tus meditaciones: «Voy a hacer lo que sé que necesito para sentirme más seguro en mis relaciones amorosas».

▶ **Ritual:** envía un mensaje de amor (por escrito o en un correo electrónico) a la persona que amas.

▶ **Qué es lo que hay que hacer:**
- Relee tus antiguas cartas de amor y deshazte al menos de una parte de ellas.
- Si estás soltero, intenta tener una cita a través de Internet si tienes el valor de hacerlo.
- Pregúntale a tu padre o a tu madre cómo han conseguido que el amor funcione.
- Vuelve a comprometerte con tu pareja.
- Si le has hecho daño a un amor en el pasado, admite que te has equivocado y pide disculpas.
- Haz una lista con las cualidades que buscas en una pareja.
- Si ya tienes pareja, juega a hacer de casamentero para un amigo o amiga.

▶ **Las tres afirmaciones principales:** repite una de las siguientes afirmaciones, o las tres, durante esta luna nueva y las cuatro semanas siguientes:

1. «Yo te amo y tú me amas».
2. «Soy una persona de trato fácil y todas mis relaciones son armoniosas».
3. «Me he liberado del pasado y mis relaciones afectivas están en vías de resolución».

▶ **Aceite esencial:** el aceite de jazmín es recomendable para abrir el chakra del corazón y, por lo tanto, es un aceite maravilloso para untar tu cuerpo. Puedes poner algunas gotas sobre la zona del chakra del corazón, en el centro del pecho, o echarlas en el baño o en un difusor, especialmente antes de meditar.

▶ **Energía numerológica:** el número de este mes es el siete y corresponde al buscador, al pensador y a la persona que necesita descubrir las cosas por sí misma. Mientras estás en este ciclo debes buscar la verdad en todas tus relaciones y situaciones, sean personales o profesionales. Si sospechas que las cosas no son lo que parecen, este es el período ideal para analizarlas en profundidad.

▶ **Mantra:** este mes utiliza el mantra *Yum*. Cántalo en voz alta o mentalmente todos los días, mientras estés en la ducha, antes o después de meditar o en cualquier otro momento que te parezca conveniente. Este mantra potencia los chakras del mes.

▶ **Chakra 3D:** el chakra de este mes es el chakra del corazón, conocido también como *Anahata*, porque la séptima casa se refiere a las relaciones. Aunque normalmente alude a las relaciones con la pareja o con los ex, también puede referirse a gente a la que consideramos más como enemigos que como amigos.

Cualquiera que sea el caso, concéntrate en el chakra del corazón durante la meditación y visualízalo como un brillante y hermoso disco giratorio de color verde esmeralda. Abre tu chakra del corazón y abre tu corazón al amor.

▶ **Chakra 5D**: este mes trabaja con el chakra de la garganta 5D, de color azul, mientras analizas tus relaciones más importantes. Puedes decir la verdad con toda confianza; los demás sabrán instintivamente que les estás hablando desde el corazón y esto contribuirá a mejorar tus relaciones.

▶ **El arcángel que nos guía**: el arcángel Jofiel es el arcángel de la belleza. Es un guía perfecto mientras reflexionas sobre tu séptima casa, porque nos ayuda a ver a los demás a través de los ojos del amor. ¿Podría haber algo mejor? Habla con el arcángel Jofiel si necesitas ayuda en una relación. Para conectar con él solo debes encender una vela, pronunciar su nombre y solicitar su ayuda:

Amado Jofiel, te ruego permanezcas a mi lado este mes. Con tu ayuda y tu guía mis relaciones personales y profesionales pueden alcanzar su máximo potencial. Muchas gracias.

▶ **La diosa que nos guía**: Lakshmi es la diosa hindú del amor, el poder y la belleza. Su nombre procede de la palabra sánscrita *laksya*, que significa 'meta' u 'objetivo'. Es la diosa a la que hay que acudir cuando existe algún problema relacionado con el poder y la prosperidad, tanto material como espiritual. Lakshmi es una de las diosas más populares. Imprime una foto suya y habla con ella a lo largo de este mes.

▶ **Ley universal**: este mes hay que centrarse en la ley universal más conocida de todas: la ley de la atracción. Nos recuerda que lo semejante atrae a lo semejante. Nos muestra que somos nosotros los que creamos los eventos y las relaciones que se presentan en nuestra vida. Cada pensamiento, cada sentimiento, cada palabra y cada acción ponen en marcha la ley de la atracción, produciendo energías que atraen energías semejantes, sean positivas o negativas.

▶ **Rayo celestial**: el séptimo rayo está gobernado por *Lady* Portia y supervisado por Mahachohan Saint Germain. Este es un rayo muy importante por ser el hogar de la famosa llama violeta de la transmutación. Este rayo tiene una relevancia fundamental para nosotros, porque eleva la conciencia y afianza una nueva era de comprensión y entendimiento. Algunos lo han llamado «el rayo del despertar de la luz». Visualiza el color violeta antes de dormirte mientras la séptima casa se activa.

La luna nueva (o eclipse solar) en tu octava casa
(Conocida también como la zona del sexo y la economía compartida)

▶ **Se refiere a**: el dinero de otras personas y cómo se combina con el tuyo.

▶ **Qué cabe esperar**: una oportunidad para introducir algo nuevo en tu economía o en tu vida sexual.

▶ **Qué hay que desear**: ¡más dinero! ¡Mejores relaciones sexuales! Superar un miedo.

▶ **Qué hay que visualizar**: ¿qué harías si tuvieras más dinero en efectivo? Visualiza esa situación. ¡Dejaré que te ocupes tú mismo de la visualización relacionada con el sexo!

▶ **La idea que hay que tener en mente:** ahora es el tiempo de ocuparte de tu liquidez y observar si estás satisfecho con el estado actual de las cosas. ¿Crees que estás en el buen camino? ¿Puedes pagar las próximas facturas? Si la respuesta es negativa, ¿hay algo que puedas hacer para resolverlo?

▶ **Mensajes:** este es un momento maravilloso para pedir consejos financieros o para asistir a un seminario de fin de semana sobre gestión comercial para aprender los principios básicos de la economía.

La parte de tu carta natal que se activa en este período también concierne al sexo profundo, oscuro y quizás incluso pervertido. Si sabes que necesitas resolver algunos temas relacionados con tu sexualidad, debes ocuparte de ellos este mes.

▶ **Cómo potenciar la meditación:** recita la siguiente oración antes de comenzar tus meditaciones: «Me ocupo directa y frontalmente de mis problemas de liquidez».

▶ **Ritual:** sal a dar una vuelta con el vestido más sexi que tengas en tu armario.

▶ **Qué es lo que hay que hacer:**
- Salda un préstamo (o solicita uno).
- Abre una cuenta de ahorros y haz tu primer depósito.
- Cancela una tarjeta de crédito que sabes que no puedes pagar.
- Solicita un aumento de sueldo (¡pero solo si crees que tienes posibilidades de conseguirlo!).
- Vuelve a financiar tu hipoteca, si eso te beneficia.
- Emplea un lenguaje vulgar con tu pareja, si eso os excita.
- Prueba una nueva postura sexual.

▶ **Las tres afirmaciones principales:** repite una de las siguientes afirmaciones, o las tres, durante esta luna nueva y en las cuatro semanas siguientes:

1. «Yo me hago cargo de solucionar mis asuntos económicos».
2. «Todas mis necesidades económicas están cubiertas».
3. «Mi vida sexual es maravillosamente sana».

▶ **Aceite esencial:** el aceite de mirra nos ayuda a estar abiertos a recibir regalos. Cuando lo uses, confirma que estás preparado para recibir.

▶ **Energía numerológica:** el número ocho se refiere a la abundancia y a la seguridad económica. También es el número del karma; cosechamos lo que sembramos. La octava casa está parcialmente relacionada con la economía conjunta, y por ello también representa la honestidad en nuestros acuerdos. Este mes reflexiona sobre tu capacidad para ocuparte de tu liquidez y también sobre tus dificultades. El ocho es también un número muy espiritual.

▶ **Mantra:** tu mantra del mes es *Lam*. Cántalo en voz alta o mentalmente todos los días, cuando estés en la ducha, antes o después de meditar o en cualquier otro momento que te parezca adecuado. Este mantra potencia los chakras del mes.

▶ **Chakra 3D:** el chakra del sacro, conocido también como *Svadisthana*, gobierna la creatividad, los alimentos y el sexo. Para que este chakra esté en buena forma durante este ciclo, imagina un disco de color naranja que gira en la mitad inferior de tu abdomen, entre el ombligo y la parte superior de las piernas.

▶ **Chakra 5D:** el tercer ojo es la parte de ti que lo ve todo y, como tal, puede ayudarte a ver a través de los velos y las falsedades de la vida, incluyendo los miedos. Este chakra 5D es claro como el agua y tiene un tinte verdoso. Trabaja con el chakra del tercer ojo durante este ciclo y comenzarás a ver más allá de esta dimensión y a percibirte como el cuerpo eléctrico que eres.

▶ **El arcángel que nos guía:** Jeremiel es uno de los siete arcángeles principales. Su función fundamental es ayudar a las almas que acaban de pasar al más allá a revisar sus vidas. Jeremiel ayuda y guía a las personas que han fallecido recientemente, mientras ellas analizan de qué manera cada una de sus acciones ha podido afectar a los demás y qué es lo que han aprendido a lo largo de su vida. Pero tú no tienes que esperar hasta ese momento para revisar tu vida con Jeremiel, puesto que este arcángel ayuda también a los vivos a hacer inventario de su vida. Todo lo que tienes que hacer es pedirle ayuda para acometer esa tarea. Jeremiel es intrépido y valiente.

▶ **La diosa que nos guía:** enfrentarse a todo lo que nos suscita temores es una parte importante de este ciclo y Kali, la diosa hindú con su cara aterrorizante, su postura agresiva y sus calaveras, es la que puede ayudarte a conseguirlo. Pídele ayuda para liberarte de la gente negativa que hay en tu vida, de los pensamientos que te limitan y de tus miedos. Kali nos ayuda a apartarnos de nuestro ego. También es conocida como la diosa que libera nuestras almas del ciclo de nacimiento y muerte, que de lo contrario sería interminable.

▶ **Ley universal:** este mes la ley de la transmutación perpetua de la energía nos recuerda que todos tenemos poder para cambiar las condiciones de nuestra vida. Lo único que necesitamos es atravesar el miedo y los pensamientos que nos limitan, en particular los pensamientos negativos relativos a nosotros mismos o a los demás. Eleva tu vibración practicando yoga, cantando y meditando: las vibraciones superiores transforman a las inferiores. La energía sexual pura es una gran fuente de transmutación.

▶ **Rayo celestial:** el octavo rayo, de color verde mar o del color del agua marina, está gobernado por *Lady* Nada. Ella nos proporciona una profunda purificación espiritual que permite que nuestra alma evolucione. Esto funciona también con la octava casa, una parte de nuestra carta natal en la que podemos guardar los aspectos de nuestra personalidad que sentimos que son «impuros». La sanación y la limpieza son necesarias para elevar nuestras vibraciones. El octavo rayo está formado por los rayos cuarto, séptimo y quinto, con un toque de luz blanca.

La luna nueva (o eclipse solar) en tu novena casa
(Conocida también como tu zona de la visión general)

▶ **Se refiere a:** aventuras, viajes y desarrollo personal.

▶ **Qué cabe esperar:** proyectos nuevos y potencialmente emocionantes relacionados con viajes, estudios, Internet, publicaciones y la Gran Búsqueda Cósmica.

▶ **Qué hay que desear:** tener una visión general de tu vida y, por lo tanto, invocar gratitud.

▶ **Qué hay que visualizar:** ¡visualiza que estás en el sitio donde más te gustaría pasar tus vacaciones!

▶ **La idea que hay que tener en mente:** todos somos seres divinos. La novena casa está estrechamente vinculada con la búsqueda espiritual y también con Júpiter, el planeta que corresponde a esta casa. Y como verás un poco más adelante, el chakra que tradicionalmente está asociado a la novena casa también se refiere a lo Divino; es el chakra corona, que nos conecta con el cielo.

▶ **Mensajes:** la parte de tu carta que es iluminada por la luna nueva está gobernada por Júpiter, el planeta de la expansión. De manera que, independientemente de que estés ampliando tu mente a través del estudio, viajes, conversaciones con personas que han viajado mucho, o un proceso de desarrollo personal, ahora tienes la oportunidad de expandir tus horizontes.

Este ciclo también corresponde a la fe y a las creencias. Si consideras que has sido rígido, tal vez por estar aferrado a lo que te enseñaron de niño en lugar de formar tus propias opiniones, en este período alguien podría aparecer en tu vida para ayudarte o para obligarte a volver a considerar tu filosofía de vida. Este es un gran momento para abandonar las rutinas y aspirar a tener un poco más de libertad.

▶ **Cómo potenciar la meditación:** recita la siguiente oración antes de comenzar tus meditaciones: «La vida es una aventura y me encanta, de manera que este mes... (rellena el espacio en blanco)».

▶ **Ritual:** decide cuál va a ser el destino de tu próximo viaje y coloca una foto del sitio que quieres visitar en la pared para recordarte cuáles son tus planes.

▶ **Qué es lo que hay que hacer:**
- Encuentra una forma de explorar el mundo.
- Lee esos libros que sabes que tienes que leer.
- Realiza un proceso de desarrollo personal.
- Pide el deseo de tener un nuevo maestro espiritual.
- Reflexiona sobre en qué tienes fe y en qué no la tienes.
- Utiliza Internet para conocer a alguien que vive en la otra parte del mundo.
- Publica algo que hayas escrito.

▶ **Las tres afirmaciones principales**: repite una de las siguientes afirmaciones, o las tres, durante esta luna nueva y en las cuatro semanas siguientes:

1. «Reconozco que estoy bendecido».
2. «¡La vida es una aventura!».
3. «¡El mundo está a mis pies!».

▶ **Aceite esencial**: el aceite de sándalo es un aceite esencial maravilloso para usar durante este período. En las religiones orientales se lo considera extremadamente sagrado, y esta es una parte especialmente sagrada de tu carta astrológica. También es un aceite estupendo para despertar la conciencia espiritual y puede ayudarte a organizar tu vida en consonancia con el propósito de tu alma. Estos son algunos de los temas importantes que representa la novena casa. El sándalo es un aceite de meditación excelente para cualquier día de la semana.

▶ **Energía numerológica**: el número nueve representa el idealismo, una característica que puede interpretarse tanto en términos positivos como negativos. Ser idealista puede ayudarnos a colaborar para que el mundo se convierta en un lugar mejor. Implica creer en la existencia de una forma superior del ser. No obstante, ser demasiado idealista puede traer problemas. En este ciclo intenta observar en qué situaciones eres idealista. El número nueve es el número más tolerante y más consciente. Intenta actuar con tolerancia y conciencia a lo largo de este mes.

▶ **Mantra**: este mes utiliza el mantra *Ah*. Cántalo en voz alta o mentalmente todos los días, cuando estés en la ducha, antes o después de meditar o en cualquier otro momento que te parezca conveniente. Este mantra potencia los chakras del mes.

▶ **Chakra 3D**: el chakra en el que debes centrarte este mes es el chakra corona, conocido también como *Sahasrara*. Su color es el violeta y está situado en la parte superior de la cabeza. El chakra corona nos conecta con lo Divino. Es el asiento de nuestra conciencia cósmica; en otras palabras, es la parte de nosotros que sabe que formamos parte de Dios, que somos seres espirituales viviendo una experiencia humana, que todos somos uno y estamos conectados con la gracia divina y con el amor divino. Para estimular este chakra imagina un disco violeta girando sobre la parte superior de tu cabeza.

▶ **Chakra 5D**: en la quinta dimensión, se considera que el chakra corona es de un color muy claro con un tinte dorado. Este es el chakra del loto de los mil pétalos, que al abrirse revela los misterios del Universo y nuestra conexión con todos los seres vivos.

▶ **El arcángel que nos guía**: para el arcángel Raguel, la vida es una fiesta porque él es el más sociable de todos los arcángeles. El nombre Raguel significa 'el amigo de Dios' y está principalmente dedicado a aportar paz y armonía. También nos ayuda a resolver conflictos. Para conectarte con este arcángel lo único que tienes que hacer es encender una vela, pronunciar su nombre y solicitar su ayuda:

> Amado Raguel, te ruego que permanezcas a mi lado este mes mientras vivo la vida en toda su plenitud. Con tu ayuda y tu guía, puedo alcanzar todo mi potencial en esta área. Muchas gracias.

▶ **La diosa que nos guía**: Fortuna es la diosa de la suerte y de las oportunidades, de acuerdo con el antiguo proverbio latino *Fortis fortuna adiuvat*, que significa 'Fortuna, la diosa de la suerte, favorece a aquellos que asumen riesgos'. De manera que si a lo largo de este ciclo hay algo que deseas obtener y sientes que debes asumir algún riesgo para conseguirlo, Fortuna es la diosa a la que debes encomendarte. También es la diosa con la que debes hablar si deseas estudiar o viajar; ella te ofrecerá su ayuda. Pídele que ponga la suerte de tu lado.

▶ **Ley universal:** la ley de la relatividad nos recuerda que todas las cosas son relativas, que todo simplemente «es». Tú siempre tendrás tus propios talentos y al mismo tiempo nunca serás tan bueno como otras personas en determinados aspectos. No te compares con los demás. A lo largo de este ciclo debes observar cómo te sientes cuando simplemente te comparas contigo mismo. Comprende esta ley, asimilando la idea de que nada es bueno o malo, frío o caliente, negro o blanco hasta que lo relacionas con alguna otra cosa.

▶ **Rayo celestial:** el noveno rayo, de color verde azulado, es el guardián de un tesoro escondido de conocimiento que puede colaborar con la expansión del alma. Este rayo se refiere a afianzar la dicha que sentimos cuando amamos a alguien, sea un amor romántico, familiar o de amistad. Anticipa nuestros movimientos hacia la iluminación y continúa la tarea purificadora del octavo rayo. Está compuesto por los rayos primero y segundo y por luz blanca.

La luna nueva (o eclipse solar) en tu décima casa
(Conocida también como la zona de tu profesión)

▶ **Se refiere a:** tu carrera y tu reputación.

▶ **Qué cabe esperar:** la oportunidad de triunfar en el terreno profesional.

▶ **Qué hay que desear:** ayudar a otras personas a través de tu trabajo.

◗ **Qué hay que visualizar**: visualiza que estás dando una conferencia y que eres un experto en todo lo que haces.

◗ **La idea que hay que tener en mente**: es perfectamente legítimo querer dejar tu marca en el mundo o desear ser conocido por haber hecho algo. Independientemente de que tengas la ambición de ser un gran padre o un excelente amigo, o que quieras hacer algo más notorio, está muy bien plantearse objetivos altos.

◗ **Mensajes**: esta luna nueva es muy importante para todos aquellos que están preocupados por el trabajo, porque se refiere a la vida profesional. Es un momento excelente para iniciar un nuevo negocio y un tiempo en el cual los esfuerzos que has realizado en el pasado podrían verse recompensados. Si has demostrado una gran dedicación en tu trabajo, tienes mayores oportunidades de que te concedan un ascenso.

Y aun cuando no consigas un ascenso real, es muy probable que seas reconocido por tus esfuerzos a lo largo del próximo mes. Este también es un buen período para pensar en tu futuro y en lo que aspiras a conseguir. ¿Estás orientado en la dirección correcta para alcanzar tus objetivos, ambiciones y metas? Si no lo estás, ¿qué puedes hacer para remediarlo?

◗ **Cómo potenciar la meditación**: recita la siguiente oración antes de comenzar tus meditaciones: «Trabajar con ahínco me traerá el éxito a largo plazo».

◗ **Ritual**: describe tu trabajo ideal y léelo cada día a lo largo del mes.

◗ **Qué es lo que hay que hacer**:
- Habla con tu jefe sobre tu eficacia en el trabajo.
- Ayuda a un colega a salir de un atolladero.
- Comprueba que no estás obsesionado con tu estatus.

- Inicia un nuevo negocio lo más cerca posible de la luna nueva.
- Solicita nuevos trabajos con plena confianza en ti mismo.
- Acepta los reconocimientos cuando los merezcas.
- Piensa en cuál es el próximo mejor movimiento que puedes realizar para tu carrera.

❱ **Las tres afirmaciones principales:** repite una de las tres siguientes afirmaciones, o las tres, a lo largo de esta luna nueva y las cuatro semanas siguientes:

1. «¡Estoy triunfando!».
2. «¡Es maravilloso tener tanto éxito!».
3. «¡Me encanta ver que mis planes salen bien!».

❱ **Aceite esencial:** el aceite esencial de laurel es maravilloso para utilizar durante este ciclo (vierte varias gotas en tu baño o en un dispersor). Te ayudará a centrarte más en tu trabajo porque fomenta la concentración. Este aceite también estimula y fomenta la confianza.

❱ **Energía numerológica:** los dígitos del número diez suman uno ¡y esto te recuerda que puedes ser el número uno! Este número también te recuerda que trabajar a solas y para ti mismo puede ser algo muy positivo. Sin embargo, si consideras que eres un lobo solitario en tu profesión y en esta situación no te sientes demasiado a gusto, utiliza el poder que tiene la influencia de la luna nueva para cambiar las condiciones de tu trabajo.

❱ **Mantra:** este mes utiliza el mantra *Ram*. Cántalo en voz alta o mentalmente todos los días, cuando estés en la ducha, antes o después de meditar, o en cualquier otro momento que te parezca conveniente. Este mantra potencia los chakras del mes.

▶ **Chakra 3D**: este mes debes concentrarte en el chakra del plexo solar, también conocido como *Manipura*. Esta es otra parte de tu carta astrológica en la que puedes brillar. Es la parte superior de tu carta y el sitio donde dejas tu marca en el mundo. Se refiere a tu carrera y a tus ambiciones. Es todo aquello por lo que el mundo te conocerá y también tu estatus social y tu imagen pública.

▶ **Chakra 5D**: sentirás este chakra de color blanco y resplandeciente por encima y por detrás de tu cabeza. Cuando el chakra gira adecuadamente, te esperan la paz interior y la serenidad. También te conecta con la inspiración divina. Otra maravillosa cualidad de este chakra es la de proporcionar calma, incluso cuando la vida se pone patas arriba o cuando el estrés que nos produce el trabajo empieza a ser insoportable. La meditación es una excelente ayuda para este chakra.

▶ **El arcángel que nos guía**: el arcángel Azrael cura amablemente los corazones acongojados debido a cualquier tipo de pérdida. Si has tenido problemas profesionales en el pasado (y hablando francamente, ¿quién no los ha tenido?), solicita a Azrael que te ayude a sanar tus heridas. Cuanto mayor sea el bagaje emocional que puedes tirar por la borda a lo largo de este mes mientras atraviesas el ciclo de la luna nueva en la décima casa, mejor será tu vida profesional en este mismo período del próximo año. Para conectarte con el arcángel Azrael solo debes encender una vela, pronunciar su nombre y pedirle ayuda:

> Amado arcángel Azrael, te ruego que permanezcas a mi lado este mes mientras me esfuerzo por conseguir mis ambiciones mundanas. Con tu ayuda y tu guía, puedo alcanzar todo mi potencial en lo que se refiere a mi vida profesional. Muchas gracias.

▶ **La diosa que nos guía:** Juno es la diosa del tiempo y del compromiso. Cuando te comprometes a algo y lo cumples, sea en el terreno personal o profesional, te estás catapultando hacia el éxito. Juno puede ayudarte con estas cuestiones. Es probable que no te parezca el mejor talento de todo el Universo, pero en un mundo lleno de obstáculos, Juno es una diosa que vale la pena conocer. Esto también puede trasladarse a tu vida personal; por ejemplo, sabes que las relaciones implican trabajo y estás dispuesto a hacer el esfuerzo necesario para cumplir con lo que te habías comprometido. A lo largo de este mes trabaja sobre el tema de tus compromisos.

▶ **Ley universal:** la ley de este mes es la ley de la polaridad. Existen dos polos opuestos de todo lo que hay sobre la Tierra y en el ámbito terrenal. La polaridad representa los dos lados de una misma cosa o los dos extremos opuestos de un espectro. Como ejemplo podemos decir que la temperatura va del frío al calor, las mediciones van de arriba abajo, de alto a bajo, y las cosas están encendidas o apagadas, y dentro o fuera. Si no estás contento con el sitio en el que te encuentras, puedes desplazarte a lo largo de la escala hasta el lugar donde te apetece estar. Concéntrate en lo que quieres, en lugar de pensar en lo que no quieres.

▶ **Rayo celestial:** el rayo de este mes es una combinación de los rayos primero, segundo y cuarto, y es de color nacarado (dorado). Está gobernado por la Dama y el Maestro Andrómeda, y supervisado por el Divino Director de los Rayos. Este rayo ayuda a que nuestras almas se integren y se unifiquen con el Creador. También permite que los seres humanos introduzcan en su vida los cambios que anhelan.

La luna nueva (o eclipse solar) en tu undécima casa
(Conocida también como la zona de los amigos)

▶ **Se refiere a**: tus amigos y tus redes sociales (y tus sueños y esperanzas).

▶ **Qué cabe esperar**: la oportunidad de que un deseo se convierta en realidad o que florezca una amistad.

▶ **Qué hay que desear**: ¡todo lo que te apetezca!

▶ **Qué hay que visualizar**: a ti mismo, con tu deseo materializado o rodeado por amigos.

▶ **La idea que hay que tener en mente**: no es necesario vivir la vida a solas. Si estás lo suficientemente evolucionado en el terreno espiritual como para estar leyendo esto, también eres capaz de salir al mundo y hacer amigos. La undécima casa trae a la mente la expresión «ningún hombre, ninguna mujer, está en una isla».

▶ **Mensajes**: hay dos focos principales que es preciso atender este mes. El primero se refiere a tus esperanzas y sueños. Se dice que cuando el sol se mueve a través de la undécima casa, tal como está sucediendo en este momento, tus poderes para expresar tus deseos son mucho más potentes. En otras palabras, trata de ser muy cauto con respecto a qué deseas en este momento, porque podría hacerse realidad.

El otro punto de atención son tus amigos y las redes sociales o los grupos a los que perteneces. ¿Te sientes a gusto con el lugar que ocupas en esos grupos? ¿Satisfacen tus necesidades? Si la respuesta es negativa, ¿qué puedes hacer para cambiar las cosas? Es muy probable que en este período empiecen a llegar nuevos amigos a tu vida.

▶ **Cómo potenciar la meditación:** recita la siguiente oración antes de comenzar tus meditaciones: «Las personas amigables encuentran otras personas amigables todo el tiempo».

▶ **Ritual:** organiza una fiesta en tu casa. Sí, efectivamente, este es un ritual válido y debes hacerlo *conscientemente*.

▶ **Qué es lo que hay que hacer:**
- Apúntate a una clase vespertina de una actividad que siempre te ha apetecido hacer.
- Pídeles a tus amigos que te presenten a amigos suyos que no conoces.
- Pídele un deseo a una estrella cada noche a lo largo de un mes.
- Preséntale un amigo que tengas desde la infancia a un amigo de tu vida actual.
- Saluda a alguien a quien ves casi todos los días, pero con quien jamás has cruzado ni una sola palabra.
- Agradece a tu mejor amigo o amiga por estar presente en tu vida.

▶ **Las tres afirmaciones principales:** repite una de las tres afirmaciones siguientes, o las tres, a lo largo de esta luna nueva y las cuatro semanas siguientes:

1. «Estoy conectado con todos los seres vivos».
2. «Quiero a mis amigos y mis amigos me quieren».
3. «Mis sueños se están manifestando de una forma grácil y perfecta».

▶ **Aceite esencial:** los compuestos químicos presentes en el aceite esencial de incienso pueden atravesar la barrera hematoencefálica y oxigenar la glándula pineal. Esta pequeña glándula de nuestro cerebro fue denominada «el asiento de nuestra alma» por el gran filósofo francés René Descartes, y algunos piensan que es el tan mentado «tercer ojo».

▶ Energía numerológica: tu número del mes es el número maestro once, uno de los números más poderosos. Representa saber lo que es correcto, cómo actuar y a dónde ir en la vida. Este número recorre la delgada línea que existe entre tenerlo todo y perderlo todo. Este mes debes estar atento a los números once ¡y prepárate para ir a por el oro en tu vida! El número once considera que el mundo está lleno de oportunidades y no tiene miedo de perseguir con valentía todo lo que desea.

▶ Mantra: este mes utiliza el mantra *Om*. Cántalo en voz alta o mentalmente todos los días, cuando estés en la ducha, antes o después de meditar o en cualquier otro momento que te parezca conveniente. Este mantra potencia los chakras del mes.

▶ Chakra 3D: cuando empezamos a expresar deseos, tal como nos indica la undécima casa, es muy importante tener en cuenta lo que nos dice nuestra intuición. Si en lo más profundo de nosotros tenemos la sensación de que no podremos obtener aquello con lo que soñamos, no debemos manifestarlo. El chakra de este mes, el tercer ojo, conocido también como *Anja*, es efectivamente un portal energético y una entrada a nuestro ser intuitivo e incluso psíquico. Trabaja con este chakra a lo largo de este mes visualizando que gira en medio de tus cejas: tiene un maravilloso y estimulante color índigo.

▶ Chakra 5D: el chakra *estrella del alma*, de un color magenta brillante, es el chakra en el que hay que concentrarse este mes. En él almacenamos el karma ancestral y familiar. Si conseguimos trabajar con este chakra, lograremos apartarnos de la rueda del karma. La Estrella del Alma fomenta el crecimiento espiritual e incluso la ascensión. Libérate de tus apegos para dejar que te inunde la luz divina. Visualiza cómo este chakra gira por encima de tu cabeza.

▶ **El arcángel que nos guía:** en cierto sentido, el arcángel Uriel, que tiene un gran poder iluminador, es como ese viejo tío sabio que siempre está enseñando a todos los que están a su alrededor (piensa en Yoda, de *La guerra de las galaxias*, que quiere transmitir todos sus conocimientos a todos aquellos que se cruzan en su camino). Para conectarte con el arcángel Uriel, únicamente debes encender una vela, pronunciar su nombre y pedirle su ayuda.

> Amado arcángel Uriel, te ruego que permanezcas a mi lado este mes mientras analizo mis relaciones de amistad y mi forma de interactuar con las personas en general. Con tu ayuda y tu guía, puedo alcanzar todo mi potencial para formar parte de mi comunidad. Muchas gracias.

▶ **La diosa que nos guía:** Isis es una diosa ecléctica pero muy famosa. Se relacionaba con los poderosos, los grandes, los buenos y los inocentes, aunque también era amiga de los esclavos y los pecadores, los artistas y los oprimidos. Isis sabía comunicarse. Es una diosa maravillosa a la que podemos encomendarnos en cualquier momento. Pídele ayuda si necesitas ampliar tus relaciones y comunicarte mejor con el mundo. Solo debes encender una vela y hablar con ella.

▶ **Ley universal:** la ley del ritmo nos recuerda que el plano terrenal se mueve con ritmos determinados, que establecen los ritmos de la vida sobre la Tierra: las estaciones, las mareas, las fases de la luna, el ciclo menstrual de las mujeres, las etapas del desarrollo humano. De acuerdo con un libro que lleva por título *El Kybalión*, esto representa «la apabullante sucesión de estados anímicos, sentimientos y sensaciones, y otros cambios desagradables e incomprensibles que notamos en nosotros mismos».

Los maestros herméticos inspirados por Hermes Trismegisto (conocido también como el padre de la astrología) aconsejaron el estudio y la comprensión de este principio para dominar nuestras emociones y estados anímicos «desconcertantes».

▶ **Rayo celestial**: el undécimo rayo, de color rosa anaranjado, es una combinación de los rayos primero, segundo y quinto. Está gobernado por la dama Kuan Yin y supervisado por el Divino Director de los Rayos. Este rayo completa el proceso de fusionar nuestra alma con Dios o la Diosa, nos enseña que el amor tiene el poder de manifestar la materia, y nos ayuda a conectar con el amor y la sabiduría divinos. Este rayo equilibra las polaridades masculina y femenina.

La luna nueva (o eclipse solar) en tu duodécima casa
(Conocida también como la zona de tus secretos)

▶ **Se refiere a**: tu ser más secreto y privado.

▶ **Qué cabe esperar**: un período de varias semanas en el que querrás retirarte del mundo.

▶ **Qué hay que desear**: paz interior.

▶ **Qué hay que visualizar**: visualiza que estás en una burbuja cósmica de color rosa y en armonía con el Universo.

▶ **La idea que hay que tener en mente**: es un momento ideal para dedicar tiempo a la meditación y la contemplación. Ya ha transcurrido un año desde que el sol, que da la vida, se encontraba en tu signo. En este momento puedes sentir que tu poder está menguando. Utiliza este mes para procesar qué es lo que ha sucedido durante los últimos doce meses y qué es lo que deseas para el año que tienes por delante, mientras el sol atraviesa tu signo ascendente antes de volver a desplazarse hasta tu primera casa el próximo mes.

▶ **Mensajes:** piensa en esos momentos en que te dedicas a leer algo de astrología y encuentras una frase que te resulta apasionante, como por ejemplo: «Confía en tus sueños». Eso es precisamente lo que estoy afirmando aquí. Cuando la luna nueva se encuentra en tu duodécima casa, aporta energía a la parte de tu carta astrológica que se relaciona con los sueños y con todo lo que es secreto y turbador. La parte de tu carta que es activada en este período influye sobre esa parte de ti mismo de la que no hablas con los demás; está asociada a tu ser secreto, a tu lado oscuro y a tu inconsciente.

Confiar en tus sueños es una gran idea en este momento, porque cuando la luna se encuentra en esa zona de tu carta astrológica, puede facilitar que salgan a la superficie cosas que merece la pena analizar. Y como la parte de tu carta que es activada también se relaciona con aquello que da miedo o conmueve, es un gran momento para practicar yoga y meditación con el fin de ponerte en contacto con tu espiritualidad. Como es evidente, los ejercicios de yoga son buenos para el cuerpo; pero si al yoga le sumamos la meditación, conseguimos calmar la mente, y puedes conectarte más íntimamente con el núcleo de tu ser cuando tu mente está serena. Si no entiendes lo que quiero decir con esto, te aconsejo apuntarte a un curso de meditación o de yoga. Pronto comprenderás de qué estoy hablando. Este es el final de otro ciclo, de manera que debes deshacerte de todo aquello que no funciona en tu vida para generar espacio para otras cosas.

▶ **Cómo potenciar la meditación:** recita la siguiente oración antes de comenzar con tus meditaciones: «Mis sueños son mi guía».

▶ **Ritual:** escribe una lista de tus miedos y luego quémala.

▶ **Qué es lo que hay que hacer:**

- Imita a un yogui y flexiona y entrelaza tu cuerpo como si quisieras formar un *pretzel*.*
- Tómate un descanso y apártate del desenfrenado torbellino social.
- Mantén tu móvil junto a la cama y graba tus sueños cuando te despiertes.
- Afronta uno de tus grandes miedos. Intenta analizar cuál es su origen.
- Confía en tu intuición.
- Compra un CD de meditación y utilízalo diariamente durante un mes.
- Escribe poemas desde el corazón.
- Comparte uno de tus secretos.

▶ **Las tres afirmaciones principales:** repite una de las siguientes afirmaciones, o las tres, diariamente durante esta luna nueva y las cuatro semanas siguientes:

1. «Está bien decir no».
2. «La paz interior es mi meta».
3. «Ahora me libero de mis miedos».

▶ **Aceite esencial:** esta parte de tu carta natal está asociada con el miedo y otros aspectos negativos. El aceite esencial de lavanda es muy poderoso para contrarrestar los miedos, la depresión, la ansiedad o el nerviosismo. Es muy aconsejable trabajar con dedicación estos temas cuando la luna está activando tu duodécima casa.

▶ **Energía numerológica:** el número de este mes es 12/3, el compendio de la sabiduría. Ahora la luna y el sol ya se han reunido en

---

* N. de la T.: Es un tipo de galleta o bollo horneado y retorcido en forma de lazo, originario de Alemania.

las doce casas de tu carta natal. Has evolucionado mucho desde que el ciclo se inició hace ya doce meses. El número 12/3 está correctamente asociado a *La Emperatriz* del tarot. También se lo vincula con *El Ahorcado*. Este ciclo de la luna nueva no es un tiempo propicio para tener prisas ni para iniciar nuevos proyectos; por el contrario, deja que la vida te adelante por una vez. Descansa y recupérate. En el próximo mes llegará el momento de poner en marcha nuevas aventuras.

▶ **Mantra:** este mes utiliza el mantra *Ah*. Cántalo en voz alta o mentalmente todos los días, cuando estés en la ducha, antes o después de meditar o en cualquier otro momento que te parezca conveniente. Este mantra potencia los chakras del mes.

▶ **Chakra 3D:** el chakra de este mes es el chakra corona, cuyo color es el violeta. Se asienta en la parte superior de tu cabeza y es tu conexión entre el cielo y la tierra. Así como la duodécima casa representa la espiritualidad y lo misterioso, tu chakra corona te conecta con lo cósmico y lo místico. Es el asiento de la conciencia cósmica y nos pone en contacto con la inteligencia y la gracia divinas. Es un canal o un portal a través del cual fluye la información divina. Es el centro de la confianza, la inspiración y la felicidad. Mientras meditas visualiza que este chakra gira sobre tu cabeza como una corona de color violeta.

▶ **Chakra 5D:** el chakra de la Entrada Estelar es una hermosa estrella de color naranja con tonos dorados que brilla en los tramos superiores de tu campo energético. Es como un cáliz que filtra el amor divino y los códigos de las leyes divinas fundamentales de los registros akáshicos. Abre este chakra para recibir la luz que irradia en sentido descendente desde el cielo, con el fin de que la luz irradie desde ti. Este chakra es nuestra línea directa con la Fuente.

▶ **El arcángel que nos guía:** las energías de Sandalfón son suaves y amables. Sus mensajes llegan a ti como susurros y es muy fácil no escucharlos si no prestas la debida atención. Si te diriges a él para pedirle ayuda, también debes estar muy atento a las canciones que escuches, pues sus letras podrían contener los mensajes angélicos que quiere hacerte llegar. Para conectar con el arcángel Sandalfón lo único que tienes que hacer es encender una vela, pronunciar su nombre y solicitar su ayuda:

> Amado Sandalfón, te ruego que permanezcas a mi lado este mes mientras reflexiono sobre lo ocurrido en los últimos doce meses. Con tu ayuda y tu guía, puedo alcanzar todo mi potencial. Muchas gracias.

▶ **La diosa que nos guía:** Kuan Yin es una de las diosas más famosas, y es muy popular debido principalmente a su compasión y su piedad. En algunas culturas es el ideal de mujer. Se dice que ha renunciado a la bendición del nirvana para seguir cumpliendo con su función de ayudar a los seres humanos. Kuan Yin porta la energía de la Diosa y de la Divina Madre.

▶ **Ley universal:** de acuerdo con la ley del género, todas las cosas, personas y situaciones tienen energía masculina y femenina. Así es como tiene lugar la creación. En el reino animal, esta ley se manifiesta en el sexo, pero en realidad va mucho más allá de eso: llega hasta la idea del yin y el yang. El Universo fue formado bajo esta ley. Para conocerte profundamente y controlar el Universo debes vivir en sintonía con tus dos energías, masculina y femenina, independientemente de que seas hombre o mujer. Luego puedes dedicarte a crear conjuntamente con Dios o con la Diosa.

▶ **Rayo celestial:** el duodécimo rayo está gobernado por Palas Atenea y supervisado por el Divino Director de los Rayos y por el Maestro Maitreya. Este rayo dorado afianza la conciencia crística, conocida también como *el gran sol central*. Es una combinación de todos los rayos a los que se suma una luz blanca y tiene una maravillosa luminosidad de tonos dorados.

Resumen

Ahora ya conoces todo lo que necesitas saber para trabajar con la luna nueva. En esta sección has aprendido:

*   A manifestar en sintonía con la luna nueva para que tus sueños y tus deseos sean más potentes.
*   Lo que significa el paso de la luna nueva a lo largo de los doce signos.
*   Lo que significa personalmente para ti el paso de la luna nueva a través de los doce signos.

Preguntas frecuentes sobre la luna nueva

A continuación ofrezco las respuestas para algunas de las preguntas más frecuentes que me han formulado sobre los temas de esta sección.

▶ *¿Debo pedir de acuerdo con cada signo o casa?*

No tienes que definir tus deseos de luna nueva de acuerdo con cada signo o casa en que se encuentre la luna. Puedes pedir cualquier cosa que te apetezca todos los meses. No obstante, lo ideal es que expreses un par de deseos que se asocien con el signo y la casa en la que se encuentra la luna, puesto que esos deseos serán más potentes. Además, el hecho de hacerlo de este modo significa que al cabo de un año habrás expresado deseos, establecido intenciones y realizado trabajos que corresponden a cada aspecto de tu vida, ya que tu carta astrológica abarca todas sus partes.

▶ ¿Tengo una luna nueva personal?

Tu luna nueva personal tiene lugar una vez al mes cuando pasa por delante del sol durante su tránsito. Esto sucede en los dos días (y un poco más) en los que la luna se encuentra en tu signo estrella (también conocido como tu signo solar). Puede ser un período más emotivo que de costumbre, especialmente si eres de un signo de agua (Cáncer, Escorpio o Piscis). Lo más importante es que, por lo general, la luna nueva es un buen indicador personal. Conéctate contigo mismo y con tus deseos de luna nueva y comprueba si estás en el camino de conseguir que tus sueños se hagan realidad.

Para saber cuándo tiene lugar tu luna nueva personal, necesitas estar atento a la luna diaria (ver la cuarta parte). Ya sabes que cuando la luna se desplaza hacia el signo bajo el cual has nacido (por ejemplo, Leo, si eres Leo, o Capricornio si eres Capricornio, etc.) a lo largo de los dos días siguientes, o un poco más, experimentarás tu luna nueva personal.

▶ ¿Puede haber más de una luna nueva en una casa?

Lo habitual es que tengas una sola luna nueva en cada una de las doce casas (es decir, una vez al año en la primera casa, una vez al año en la segunda casa, y así sucesivamente). En las raras ocasiones en que hay dos lunas nuevas en una misma casa en un período de dos meses, siempre existe un motivo para ello. O bien se te invita a concentrarte más en esa parte de tu vida y hacer algunos cambios, o bien podrías estar disfrutando de una especie de segunda oportunidad para asumir la responsabilidad de ocuparte de los temas que rige la casa o de la parte de tu vida que está en el centro de la atención en ese momento y en la que se supone que deberías estar trabajando.

▶ *¿Existe alguna luna nueva que sea*
especial para expresar deseos?

Sí, y esa es la luna nueva que se encuentra en tu undécima casa, que se conoce también como *la casa de la esperanza y los deseos*. Es este un período en el cual los deseos que se expresan durante la luna nueva son más potentes. Y si se da la ocasión de que un eclipse coincida con tu undécima casa, todo se multiplica por cuatro.

En lo que concierne a la sincronización, yo diría simplemente: «Define tus deseos de luna nueva todos los meses y finalmente conseguirás materializarlos cuando la luna nueva llegue a tu undécima casa». Sin embargo, creo que es bueno estar preparado, de modo que a continuación expongo una guía rápida donde se indica en qué luna nueva tus deseos son más potentes, razón por la cual es mucho más importante sacar partido de ella. *Asegúrate de expresar tus deseos en cada una de ellas.*

Puedes fijarte en tu signo estrella si no conoces tu signo ascendente. (Sugerencia: si no tienes la lista a mano mientras lo estás calculando, recuerda que se trata de la luna nueva que está en el signo que se encuentra dos posiciones antes de tu signo zodiacal o signo ascendente).

ENCUENTRA LA LUNA NUEVA DURANTE LA CUAL TUS DESEOS SON MÁS POTENTES			
♈	Aries o ascendente Aries.	♒	Luna nueva de Acuario.
♉	Tauro o ascendente Tauro.	♓	Luna nueva de Piscis.
♊	Géminis o ascendente Géminis.	♈	Luna nueva de Aries.
♋	Cáncer o ascendente Cáncer.	♉	Luna nueva de Tauro.
♌	Leo o ascendente Leo.	♊	Luna nueva de Géminis.

ENCUENTRA LA LUNA NUEVA DURANTE LA CUAL TUS DESEOS SON MÁS POTENTES			
♍	Virgo o ascendente Virgo.	♋	Luna nueva de Cáncer.
♎	Libra o ascendente Libra.	♌	Luna nueva de Leo.
♏	Escorpio o ascendente Escorpio.	♍	Luna nueva de Virgo.
♐	Sagitario o ascendente Sagitario.	♎	Luna nueva de Libra.
♑	Capricornio o ascendente Capricornio.	♏	Luna nueva de Escorpio.
♒	Acuario o ascendente Acuario.	♐	Luna nueva de Sagitario.
♓	Piscis o ascendente Piscis .	♑	Luna nueva de Capricornio.

▶ *¿Qué pasa cuando una luna nueva o una luna llena coincide con mi cumpleaños?*

Una luna nueva el día de tu cumpleaños es una señal importante del Universo que te indica que están a punto de ocurrir cambios y acontecimientos emocionantes. Es como si estuvieras recibiendo una inyección masiva de nueva energía del Universo. Ten en cuenta que si la luna nueva coincide con el día de tu cumpleaños, o se produce poco tiempo antes, eso significa que tienes la luna nueva sobre tu sol; es decir, en el mismo punto donde el sol estaba el día en que naciste.

Esto es importante y emocionante a la vez, y ciertamente te ofrece una pista de lo que va a suceder en los próximos doce meses. Si lo que se produce es un eclipse de luna nueva el día de tu cumpleaños, ¡todo eso se multiplica por tres como si estuvieras consumiendo esteroides!

Tercera parte

TRABAJA CON LA MAGIA DE LA LUNA LLENA

La luna llena es el punto máximo del ciclo lunar.
Es un momento muy poderoso para dedicarse al
trabajo interior, mirar hacia dentro, buscar, sanar,
deshacer los bloqueos y desapegarnos del pasado,
algo que todos necesitamos hacer de forma regular.

Capítulo 6

El perdón y la gratitud de la luna llena

Por lo general se considera que la luna llena marca el fin de un ciclo lunar. Como es evidente, el ciclo lunar realmente nunca «termina», al menos no lo ha hecho hasta el momento. Por el contrario, la luna está creciendo y decreciendo constantemente. La luna llena también es vista como el «clímax» del ciclo lunar mensual. Las energías se acumulan hasta llegar a la luna llena y luego... ¡bang! Hay como una locura de luna llena que es sucedida por una suerte de suspiro lunar cósmico. Durante el tiempo de la luna llena se nos solicita (se nos obliga a) que nos hagamos cargo de nuestros problemas. Por este motivo, como ya he mencionado, algunas personas parecen estar un poco «lunáticas» durante esta fase.

La luna llena significa que hay que alcanzar el punto máximo para liberarse luego de lo viejo: debes deshacerte de las energías inferiores que proceden de tus disgustos, de tu malestar o de cualquier acontecimiento dañino, así como también de los patrones negativos en los que puedes haber incurrido. Este período es propicio para que te liberes de los modos de ser, pensamientos y hábitos tóxicos, así como también de las personas tóxicas que hay en tu vida. Es el tiempo de la culminación. El momento ideal para deshacernos de lo que no queremos: la culpa, el miedo, la desilusión, los celos y todo aquello que sea contraproducente.

La luna llena también es un período muy provechoso para el trabajo interior: mirar hacia dentro, sanarse, deshacer bloqueos y desprenderse del pasado. Cuando la luna está llena brilla más que nunca y puede arrojar luz sobre nuestra oscuridad, iluminar las partes más profundas de nuestro ser que habitualmente no conseguimos ver.

La luna llena también crea en nosotros un juego de tira y afloja. Tenemos al sol en una mitad de nuestra carta astrológica y a la luna exactamente del otro lado. De ese modo podemos ver qué está desequilibrado y volver a crear armonía en ello. ¿Estás trabajando demasiado?

La luna llena nos recuerda que debemos prestar atención a nuestra vida laboral. ¿Estás gastando demasiado dinero? Los sucesos que se producen durante esta fase pueden recordarnos que sería aconsejable controlar el consumo. ¿Estás dando demasiado? La luna llena es el período ideal para recordar que también debes recibir. Y así sucesivamente.

¿POR QUÉ ES CRUCIAL EL PERDÓN PARA QUE LOS SUEÑOS SE MANIFIESTEN?

Es importante observar que para que los sueños que manifestamos durante la luna nueva se hagan realidad, necesitamos liberarnos de los resentimientos que alberguemos respecto de algunas personas o de los disgustos que nos hayan provocado. Así es precisamente como funcionan las cosas. La luna llena también es un momento ideal para practicar el perdón y la gratitud. Podemos utilizarla para procesar lo siguiente:

- Emociones negativas.
- Miedos.
- Disgustos.
- Discusiones.
- Desilusiones.
- Dramas.
- Acciones negativas o maliciosas.

Y con el fin de procesar (y liberarnos del karma que acompaña a todo lo que ha sucedido en el pasado) debemos perdonar. Eso podría significar perdonarnos a nosotros mismos o perdonar a otra persona. ¿Te parece una tarea difícil? No necesariamente.

Imagina que antes de venir aquí a la Tierra, antes de haberte encarnado, has establecido varios acuerdos con otras almas. Tú ya sabías que querías que tu alma evolucionara a lo largo de tu vida, de manera que hiciste acuerdos con otras almas para «haceros mutuamente cosas» con el único fin de presionaros, e incluso de llevaros hasta el límite, porque eso os serviría principalmente para aprender.

De manera que cuando alguien realmente te incordia, te saca de tus casillas o percibes que actúa con la intención de ponerte a prueba, imagina que has establecido un contrato con el alma de esa persona, y trata de descubrir las lecciones que el conflicto te está enseñando. Piensa en ello como una situación que ha sido diseñada para ayudarte a evolucionar, y en lugar de tener un «disgusto» quizás puedas «sentirte a gusto». Aprende la lección y serás capaz de avanzar.

Si aceptamos que estamos en este planeta para evolucionar con el fin de ya no volver a reencarnarnos, tal vez nos empeñemos más en resolver los problemas a los que nos enfrentamos. Así, ese amigo o esa amiga que tanto te irrita se convierte en tu maestro o maestra. ¿Y ese extraño que se comportó de un modo tan grosero contigo? También es tu maestro. ¿Y ese profesor que en el instituto fue tan mezquino contigo y te hizo sentir tan mal? Tu maestro. ¿Y tu novio, tu ex o «ese tío que te dejó plantada»? Todos ellos son tus maestros. ¿Y tus hijos? Tus maestros.

Por lo tanto, una vez al mes tenemos una ocasión para «arreglar las cosas» con nuestros maestros cuando brilla la luna llena. Los perdonamos por todo lo que nos han hecho porque entre nuestras almas hay un contrato, independientemente de que ellos lo sepan o no. La mayoría de las personas intentan dar lo mejor de sí mismas, de manera que lo menos que podemos hacer es reconocerles su esfuerzo.

El resentimiento únicamente conduce a la amargura, y la amargura es tóxica. Según se dice, Buda afirmó: «Aferrarse a la ira es como tomar veneno y esperar que muera la otra persona». (Algunos atribuyen estas palabras a la maestra budista Pema Chödrön).

☾ Las fechas de la luna llena

Como podrás comprobar si miras las fechas de las futuras lunas llenas en mi página web (www.moonologybook.com/moondates), la luna llena no siempre tiene lugar durante la noche. Por ejemplo, algunas veces puede producirse entre las diez de la mañana y las tres de la madrugada o en cualquier otro momento del día. El mejor momento para hacer el trabajo de perdonar durante la luna llena es la noche antes de que se produzca, y no la noche posterior.

Cómo perdonar a alguien

Se podría argumentar que enfadarse es mejor que sentirse indefenso y desesperanzado. No obstante, la ira debería considerarse un mero obstáculo en el camino hacia el bienestar. El bienestar es un estado en el cual ya no sientes ningún rencor hacia ninguna persona.

En algunas ocasiones puedes perdonar y olvidar. En otras, solamente puedes perdonar pero no puedes olvidar. Finalmente, a veces se puede perdonar pero no es sensato olvidar. Todos somos humanos y cometemos errores; todos tenemos nuestras propias batallas personales que librar.

Y merece la pena repetirlo: perdonar a alguien por lo que nos ha hecho *no* significa que lo que nos ha hecho haya estado bien. Cuando nos disgustamos con alguien, cuando estamos furiosos, amargados o de mal humor, nuestras funciones comienzan a fallar. Las señales que enviamos al exterior están cada vez más sintonizadas con nuestro enfado que con ninguna otra cosa. Y esas señales tienen un fuerte impacto en la forma en que se desarrolla nuestra vida. Recuerda que según la ley de la atracción, lo semejante atrae a lo semejante.

De manera que cuando estamos enfadados, transmitimos exclusivamente nuestras malas vibraciones. Cuando perdonamos, somos capaces de manifestar vibraciones más limpias, más puras y más felices, y así resulta mucho más fácil que nuestros sueños se hagan realidad.

☾ Ceremonia del perdón durante la luna llena

La noche de la luna llena (ver el apartado de las fechas de la luna llena, en la página anterior), siéntate tranquilamente durante diez minutos o más y perdona mentalmente a cualquier persona por la que sientas rencor o resentimiento. Si existe alguien que te molesta o irrita y realmente consigue sacarte de tus casillas y enfurecerte, pídele que te perdone por tus malos sentimientos y envíale tu amor. A continuación haz lo siguiente:

1. Respira profundamente para limpiar tu organismo. Libérate del estrés y las preocupaciones mientras respiras.

2. Ahora piensa en un hábito, un patrón de pensamiento, una idea o un disgusto del que te quieras liberar. Puede ser más de uno. Apúntalo en una hoja de papel; escribe todo lo que necesites expresar.

3. Ahora piensa en alguien que te haya dado un disgusto. Puedes retrotraerte a tu infancia o pensar en una persona que al parecer te hizo daño y a quien todavía no has podido perdonar. Haz una lista con el nombre (pueden ser varios) en la misma hoja de papel y también apunta qué fue lo que te hizo daño. Escribe todo lo que necesites manifestar. Acabas de crear una lista de perdón.

4. Cierra los ojos y visualiza a cada una de las personas en las que has pensado por turno. Visualízalas con el ojo de tu mente dentro de una burbuja de color rosa (el rosa es uno de los colores del amor). Imagínalas sonrientes. Crea un buen sentimiento entre tú y cada una de ellas. Di mentalmente o en voz alta: «Te perdono», y luego déjalas alejarse flotando dentro de la burbuja.

5. Recita la siguiente fórmula para hacer el trabajo de perdonar durante la luna llena y liberarte del karma:

Bajo la gloriosa luna llena, perdono todo, a todos y a cada experiencia y cada recuerdo del pasado y del presente que necesita mi perdón. Perdono positivamente a todo el mundo. También me perdono a mí mismo por mis errores en el pasado. El universo es amor, y soy perdonado y gobernado únicamente por el amor. El amor está regulando ahora mi vida. Y al darme cuenta de ello me siento en paz.

Tal vez quieras agregar:

Aporto amor y sanación a todos mis pensamientos, creencias y relaciones. Aprendo mis lecciones y sigo avanzando. Convoco a los fragmentos de mi alma que deben ser depurados por la luna llena para que vuelvan a unirse a mí. Me envío amor a mí mismo y a todas las personas que conozco y que me conocen, en todas las direcciones del tiempo. Bajo esta gloriosa luna llena me siento sanar. Mi vida se ha sanado. Que así sea.

6. Quema tu lista del perdón en una pila o fregadero donde no corras el peligro de prender fuego a la casa. Este ritual libera las energías en el éter para que se transmuten en amor.

LA IMPORTANCIA DE LA GRATITUD

Al realizar la ceremonia que acabo de describir y elaborar tu lista del perdón, te liberas del resentimiento. Ahora debes reemplazarlo por algo, y la gratitud es la cualidad ideal para hacerlo. La gratitud aumenta tu vibración y te brinda más felicidad. Cuanto más alta y más clara sea tu vibración, más capaz serás de manifestar tus sueños en un lapso de quince días, cuando llegue nuevamente el período de la luna nueva.

☾ *Ceremonia para entrar en un estado de gratitud*

Cuando alcanzas un estado de gratitud, puedes manifestarte mucho mejor. Esto se debe a que este estado anula tu ego, que, de lo contrario, podría introducir dudas en tu mente mientras estás expresando tus deseos. A continuación te muestro cómo hacerlo:

1. Dedica unos instantes a pensar en como mínimo tres personas, lugares, situaciones o cosas por los que estás verdaderamente agradecido. Siente gratitud. ¡Siéntela realmente en todo tu cuerpo!

2. Escribe una lista de las personas o las cosas por las que estás agradecido.

3. Quema tu lista de gratitud después de haberla escrito. En este período del mes lo único que quieres es practicar el desapego para que las cosas fluyan.

4. Si te parece bien, para terminar pronuncia este conjuro: «Sé que estoy bendecido y vivo mi vida con ese conocimiento».

Capítulo 7

Planifica tu vida con la luna llena

Practicar el perdón y la gratitud, y sus ceremonias asociadas, durante el ciclo de la luna llena siempre es una buena idea. Pero para los seguidores más acérrimos de la luna, en este ciclo del plenilunio hay mucho más que hacer. Tal como ocurre con la luna nueva, la luna llena tiene lugar en un signo diferente del Zodíaco cada mes. Y como ya sabes, cada signo ofrece una vibración distinta y representa diferentes temas con los que debemos trabajar. ¡En el período de la luna llena puedes emplear tus emociones intensificadas para preguntarte sobre algunos temas difíciles!

UNA GUÍA PARA LA LUNA LLENA EN CADA UNO DE LOS SIGNOS

Los consejos incluidos en la siguiente guía se aplican a *todos nosotros*, independientemente de nuestra carta astrológica personal. La razón es que esta es una lunación (en este caso una luna llena) en un signo particular y, por lo tanto, tiene sus propias características sin que importe cuál sea nuestro signo solar o signo ascendente.

Para utilizar la guía, visita primero www.moonologybook. com/moondates para conocer las fechas de la luna y saber cuándo tendrá lugar la próxima luna llena. Luego ve a mi página de inicio (www.moonology.com) para saber en qué signo se situará. Continúa leyendo para descubrir todo lo que necesitas saber con el fin de trabajar conscientemente con las energías de la luna llena.

La guía incluye la siguiente información:

- La energía.
- Las cinco preguntas más importantes que debes formularte durante la luna llena.
- El mensaje de cada luna llena de acuerdo con el signo en el que se encuentra.
- Las partes de tu vida en las que necesitas encontrar el equilibrio; observa que el sol y la luna se encuentran en los lados opuestos del cielo cuando se produce la luna llena, y esto genera una tensión de la que es preciso ocuparse.
- En este período también se te solicita que realices la ceremonia del perdón durante la luna llena (página 173) en la noche del plenilunio y que practiques la gratitud mediante la ceremonia para entrar en un estado de gratitud (página 175).

Tal como sucede con el desplazamiento de la luna nueva a través de los signos, la siguiente información sobre el paso de la luna llena por cada uno de los signos del Zodíaco puede aplicarse asimismo al desplazamiento a través de ellos de los eclipses lunares, también conocidos como eclipses de luna llena. Una vez más, ten en cuenta cuáles son los temas principales de cada luna llena y recuerda también que su poder se duplica cuando la luna llena coincide con un eclipse. Observa también que las ceremonias del perdón y de la gratitud, que en el capítulo seis te he indicado que realices durante la luna llena (ver las páginas 173 y 175), son mucho más potentes cuando se produce un eclipse. Piénsalo en los siguientes términos: los eclipses hacen que las lunaciones sean más potentes; las lunas llenas son intensas, ¡pero los eclipses de luna llena son verdaderamente intensos!

La luna llena (o eclipse lunar) en Aries ♈

Esta luna llena es especialmente favorable para los nacidos bajo los signos de Aries, Géminis, Leo, Libra, Sagitario y Acuario, pero es un poco más complicada para todos los demás.

▶ **La energía es**: fogosa y temeraria.

▶ **Las cinco preguntas más importantes:**
1. ¿Me he comportado de un modo exaltado o egoísta o he discutido mucho a lo largo de este mes?
2. ¿He estado demasiado acelerado o he sido muy impulsivo a lo largo de este mes?
3. ¿He sido descortés, presuntuoso o demasiado competitivo?
4. ¿He ignorado la sensibilidad de otras personas?
5. ¿Me he divertido suficientemente?

▶ **Mensaje**: la vida no es una carrera ni una competición.

▶ **Encuentra el equilibrio entre**: tus necesidades y las necesidades de tus seres queridos.

▶ **Perdón**: realiza la ceremonia del perdón durante la luna llena (página 173). Escribe tu lista del perdón y luego quémala.

▶ **Sé agradecido**: realiza la ceremonia para entrar en un estado de gratitud durante la luna llena (página 175). Escribe tu lista de agradecimiento y luego quémala.

luna llena (o eclipse lunar) en Tauro ♉

Esta luna llena es especialmente favorable para los nacidos bajo los signos de Tauro, Cáncer, Virgo, Escorpio, Capricornio y Piscis, pero es un poco más complicada para todos los demás.

◗ **La energía es:** terrenal y estable.

◗ **Las cinco preguntas más importantes:**
1. ¿He sido perezoso o demasiado indulgente conmigo mismo este mes?
2. ¿He estado demasiado obsesionado con el dinero o con los símbolos de estatus social?
3. ¿He sido terco, celoso o posesivo?
4. ¿He comido por el mero hecho de consolarme en demasiadas ocasiones?
5. ¿He hecho suficiente ejercicio?

◗ **Mensaje:** vuelve a infundir energía a tu vida.

◗ **Encuentra el equilibrio entre:** tus sentimientos y todo aquello que puedes hacer en la práctica para mejorar tu vida.

◗ **Perdón:** realiza la ceremonia del perdón durante la luna llena (página 173). Escribe tu lista del perdón y luego quémala.

◗ **Sé agradecido:** realiza la ceremonia para entrar en un estado de gratitud durante la luna llena (página 175). Escribe tu lista de agradecimiento y luego quémala.

La luna llena (o eclipse lunar) en Géminis ♊

Esta luna llena es especialmente favorable para los nacidos bajo los signos de Aries, Géminis, Leo, Libra, Sagitario y Acuario, pero es más complicada para todos los demás.

▶ **La energía es:** voluble e inconstante.

▶ **Las cinco preguntas más importantes:**
1. ¿He sido cotilla, superficial o frívolo este mes?
2. ¿He pasado por alto los sentimientos de otras personas?
3. ¿He cambiado de opinión con demasiada rapidez o me he sentido agitado o alterado?
4. ¿Me he comportado de forma taimada o tramposa?
5. ¿He leído lo suficiente como para seguir abriendo mi mente?

▶ **Mensaje:** baja el ritmo y sé auténtico frente a los demás.

▶ **Encuentra el equilibrio entre:** querer saberlo todo y tomarte el tiempo necesario para aprender de verdad.

▶ **Perdón:** realiza la ceremonia del perdón durante la luna llena (página 173). Escribe tu lista del perdón y luego quémala.

▶ **Sé agradecido:** realiza la ceremonia para entrar en un estado de gratitud durante la luna llena (página 175). Escribe tu lista de agradecimiento y luego quémala.

La luna llena (o eclipse lunar) en Cáncer ♋

Esta luna llena es especialmente favorable para los nacidos bajo los signos de Tauro, Cáncer, Virgo, Escorpio, Capricornio y Piscis, pero es más complicada para todos los demás.

▶ **La energía es**: dependiente y posiblemente demandante.

▶ **Las cinco preguntas más importantes**:
1. ¿Me he sentido inseguro o dependiente y no me he divertido lo suficiente este mes?
2. ¿He conseguido lo que deseaba dando muchos rodeos en lugar de ir directamente al grano?
3. ¿He estado enfurruñado, malhumorado o taciturno o me he comportado de una forma manipuladora?
4. ¿He estado muy reservado y posiblemente también un poco paranoico?
5. ¿He dedicado tiempo suficiente a estar con mi familia, o con las personas a las que considero mi familia?

▶ **Mensaje**: siéntete seguro de ti mismo.

▶ **Encuentra el equilibrio entre**: lo que necesitas conseguir y lo que necesitas para pasar tiempo de calidad en tu casa.

▶ **Perdón**: realiza la ceremonia del perdón durante la luna llena (página 173). Escribe tu lista del perdón y luego quémala.

▶ **Sé agradecido**: realiza la ceremonia para entrar en un estado de gratitud durante la luna llena (página 175). Escribe tu lista de agradecimiento y luego quémala.

La luna llena (o eclipse lunar) en Leo ♌

Esta luna llena es especialmente favorable para los nacidos bajo los signos de Aries, Géminis, Leo, Libra, Sagitario y Acuario, pero es más complicada para todos los demás.

▶ **La energía es**: brillante y orgullosa; ¡acaso demasiado orgullosa!

▶ **Las cinco preguntas más importantes**:
1. ¿He estado demasiado centrado en mí mismo, he sido egoísta u orgulloso?
2. ¿He estado tratando a las personas que me rodean como sirvientes o subordinados?
3. ¿He sido arrogante, vanidoso, avasallador u ostentoso?
4. ¿Me he expresado creativamente todo lo que necesito?
5. ¿Me he demostrado tener suficiente amor propio?

▶ **Mensaje**: la luna llena de Leo es un buen momento para volver a ponernos en contacto con nuestra humildad.

▶ **Encuentra el equilibrio entre**: las necesidades de tus amigos y tus propias necesidades.

▶ **Perdón**: realiza la ceremonia del perdón durante la luna llena (página 173). Escribe tu lista del perdón y luego quémala.

▶ **Sé agradecido**: realiza la ceremonia para entrar en un estado de gratitud durante la luna llena (página 175). Escribe tu lista de agradecimiento y luego quémala.

La luna llena (o eclipse lunar) en Virgo ♍

Esta luna llena es especialmente favorable para los nacidos bajo los signos de Tauro, Cáncer, Escorpio, Capricornio y Piscis, pero es más complicada para todos los demás.

▶ **La energía es:** quisquillosa y ansiosa.

▶ **Las cinco preguntas más importantes:**
1. ¿He sido demasiado quisquilloso, pedante o crítico conmigo mismo o con los demás?
2. ¿He sido humilde hasta el punto de tratarme con desconsideración?
3. ¿He ofrecido suficientes servicios a otras personas durante este mes?
4. ¿He estado preocupado, y bastante quejoso, atrayendo de este modo la negatividad a mi vida?
5. ¿He prestado demasiada atención a los detalles de todo lo que necesito durante este mes?

▶ **Mensaje:** recuerda la importancia de ser solidario y ayudar a los demás.

▶ **Encuentra el equilibrio entre:** estar conectado a tierra y permitirte soñar.

▶ **Perdón:** realiza la ceremonia del perdón durante la luna llena (página 173). Escribe tu lista del perdón y luego quémala.

▶ **Sé agradecido:** realiza la ceremonia para entrar en un estado de gratitud durante la luna llena (página 175). Escribe tu lista de agradecimiento y luego quémala.

La luna llena (o eclipse lunar) en Libra ♎

Esta luna llena es especialmente favorable para los nacidos bajo los signos de Aries, Géminis, Leo, Libra, Sagitario y Acuario, pero es más complicada para todos los demás.

▶ **La energía está**: enfocada en las relaciones y las asociaciones.

▶ **Las cinco preguntas más importantes:**
1. ¿He estado demasiado preocupado por las apariencias en general?
2. ¿He estado pensando demasiado en los demás y me he olvidado de mis propias necesidades?
3. ¿Me he dejado influenciar demasiado fácilmente, he sido demasiado crédulo, he sido incapaz de decidir por mí mismo?
4. ¿He estado viviendo mi vida a través de la de otra persona?
5. ¿He pasado suficiente tiempo embelleciendo mi vida?

▶ **Mensaje**: recuérdate que debes ver la belleza de la vida.

▶ **Encuentra el equilibrio entre**: lo que tú necesitas y lo que necesitas hacer para los demás con el fin de contribuir a su felicidad.

▶ **Perdón**: realiza la ceremonia del perdón durante la luna llena (página 173). Escribe tu lista del perdón y luego quémala.

▶ **Sé agradecido**: realiza la ceremonia para entrar en un estado de gratitud durante la luna llena (página 175). Escribe tu lista de agradecimiento y luego quémala.

La luna llena (o eclipse lunar) en Escorpio ♏

Esta luna llena es especialmente favorable para los nacidos bajo los signos de Tauro, Cáncer, Virgo, Escorpio, Capricornio y Piscis, pero es más complicada para todos los demás.

▶ **La energía es**: ¡potencialmente bastante intensa!

▶ **Las cinco preguntas más importantes:**
1. ¿He sido celoso, vengativo o suspicaz, o he tenido alguna otra conducta tóxica?
2. ¿He estado viviendo pendiente de mis miedos en lugar de mis alegrías?
3. ¿He estado taciturno y oscuro, enfocándome en lo negativo y no en lo positivo?
4. ¿Me he comportado de forma cruel o astuta?
5. ¿Tengo la vida sexual que necesito para sentirme a gusto conmigo mismo? (¡Debemos tener en cuenta que también hay personas que no necesitan el sexo!).

▶ **Mensaje**: este es un buen momento para recuperar tu lado sexi.

▶ **Encuentra el equilibrio entre**: una pasión desmedida y una apacible satisfacción.

▶ **Perdón**: realiza la ceremonia del perdón durante la luna llena (página 173). Escribe tu lista del perdón y luego quémala.

▶ **Sé agradecido**: realiza la ceremonia para entrar en un estado de gratitud durante la luna llena (página 175). Escribe tu lista de agradecimiento y luego quémala.

La luna llena (o eclipse lunar) en Sagitario ♐

Esta luna llena es especialmente favorable para los nacidos bajo los signos de Aries, Géminis, Leo, Libra, Sagitario y Acuario, pero es más complicada para todos los demás.

▶ **La energía es**: divertida, y puede provocar suspiros de alivio.

▶ **Las cinco preguntas más importantes:**
1. ¿Me he mostrado demasiado displicente o despreocupado hasta el punto de ser descuidado e irresponsable?
2. ¿Me he defraudado a mí mismo por permitirme desviarme de mis objetivos y aburrirme?
3. ¿He experimentado un exceso de confianza hasta el punto de parecer arrogante o dar sermones a los demás?
4. ¿He tenido fobia al compromiso, en detrimento de mí mismo?
5. ¿He sido capaz de ver las cosas desde una perspectiva general?

▶ **Mensaje:** la vida es una aventura. ¡No te estanques!

▶ **Encuentra el equilibrio entre**: tener miedo de decir lo que piensas y hablar demasiado.

▶ **Perdón**: realiza la ceremonia del perdón durante la luna llena (página 173). Escribe tu lista del perdón y luego quémala.

▶ **Sé agradecido**: realiza la ceremonia para entrar en un estado de gratitud durante la luna llena (página 175). Escribe tu lista de agradecimiento y luego quémala.

La luna llena (o eclipse lunar) en Capricornio ♑

Esta luna llena es especialmente favorable para los nacidos bajo los signos de Tauro, Cáncer, Virgo, Capricornio y Piscis, pero es más complicada para los demás.

▶ **La energía es:** reprimida y resignada.

▶ **Las cinco preguntas más importantes:**
1. ¿He sido ambicioso hasta el punto de ser implacable?
2. ¿Me he obsesionado con el trabajo y he descuidado mi vida personal?
3. ¿He sido obcecado, duro o quizás demasiado cruel con los demás?
4. ¿He dejado que mi cabeza gobierne mi corazón?
5. ¿He planificado lo suficiente mi vida? ¿O acaso la he planificado excesivamente?

▶ **Mensaje:** intenta dejar de controlar todo y a todos.

▶ **Encuentra el equilibrio entre:** las exigencias del trabajo y de tu vida familiar.

▶ **Perdón:** realiza la ceremonia del perdón durante la luna llena (página 173). Escribe tu lista del perdón y luego quémala.

▶ **Sé agradecido:** realiza la ceremonia para entrar en un estado de gratitud durante la luna llena (página 175). Escribe tu lista de agradecimiento y luego quémala.

La luna llena (o eclipse lunar) en Acuario ♒

Esta luna llena es especialmente favorable para los nacidos bajo los signos de Aries, Géminis, Leo, Libra, Sagitario y Acuario, pero es más complicada para todos los demás.

▶ **La energía está**: alumbrando el cambio y el progreso.

▶ **Las cinco preguntas más importantes:**
1. ¿He sido pragmático hasta el punto de olvidarme del lado romántico de la vida?
2. ¿He estado viviendo demasiado en mi cabeza y no lo suficiente en mi corazón?
3. ¿He intentado hacer las cosas a mi modo, solo porque sí?
4. ¿Me he empeñado demasiado en tener amigos, y por razones erróneas?
5. ¿Me he permitido avanzar a lo largo de este mes?

▶ **Mensaje**: es tiempo de liberarse de los apegos y dejarse ir. De verdad.

▶ **Encuentra el equilibrio entre**: tratar de serlo todo para todos y tener relaciones reales.

▶ **Perdón**: realiza la ceremonia del perdón durante la luna llena (página 173). Escribe tu lista del perdón y luego quémala.

▶ **Sé agradecido**: realiza la ceremonia para entrar en un estado de gratitud durante la luna llena (página 175). Escribe tu lista de agradecimiento y luego quémala.

La luna llena (o eclipse lunar) en Piscis ♓

Esta luna llena es especialmente favorable para los nacidos bajo los signos de Tauro, Cáncer, Virgo, Escorpio, Capricornio y Piscis, pero es más complicada para todos los demás.

▶ **La energía es:** nostálgica y también un poco anhelante.

▶ **Las cinco preguntas más importantes:**
1. ¿He sido demasiado soñador, hasta el punto de no hacer lo que debía y cometer errores tontos?
2. ¿He sido demasiado sensible y me he sentido herido con excesiva facilidad?
3. ¿He estado actuando como un mártir? ¿Me he dejado guiar demasiado fácilmente?
4. ¿He meditado a diario? Y si no lo he hecho, ¿por qué razón?
5. ¿He estado sintonizado con mi parte intuitiva? ¿He perseguido mis sueños y he hecho caso de mis presentimientos?

▶ **Mensaje:** esta es una luna supermística. Conéctate con tu psíquico interior.

▶ **Encuentra el equilibrio entre:** tu necesidad de alcanzar la paz interior y el cumplimiento de todas tus obligaciones.

▶ **Perdón:** realiza la ceremonia del perdón durante la luna llena (página 173). Escribe tu lista del perdón y luego quémala.

▶ **Sé agradecido:** realiza la ceremonia para entrar en un estado de gratitud durante la luna llena (página 175). Escribe tu lista de agradecimiento y luego quémala.

Capítulo 8

Predice tu futuro con la luna llena

En cuanto sepas cuál es tu signo ascendente (ver www.moono-logybook.com/freechart) y hayas descubierto en mi página web (www.moonology.com) en qué *signo* se encuentra la luna llena y a qué casa corresponde en tu caso (ver la página 108), estarás preparado para conocer lo que la luna llena significa personalmente para ti mientras se traslada por todas las casas.

UNA GUÍA PARA LA LUNA LLENA EN CADA UNA DE LAS CASAS

A continuación presento una guía donde se indica de qué forma te afecta personalmente la luna llena cuando se encuentra en cada una de las casas. La guía incluye, entre otras cosas, la siguiente información:

- Los mensajes de cada luna llena dependiendo de la casa en la que se encuentre.

- ¡Una advertencia sobre las emociones! Las lunas llenas pueden ser periodos muy emocionales, de manera que hay una para cada casa.
- Igual que sucede con la presencia de la luna llena en cada signo, es importante trabajar con las dos energías opuestas que suscita la luna llena en cada una de las casas. Es preciso equilibrarlas.
- La luna llena es un tiempo propicio para que te liberes de algo que ya no te sirve. Saber en qué casa está la luna llena puede servirte de guía para todo aquello de lo que necesitas desprenderte.
- La posición del sol y de la luna en la fase de la luna llena puede propiciar luchas y forcejeos. Saber en qué casas caerá la luna llena puede ayudarte a prever dicha situación.
- El mantra que hay que recitar durante la luna llena.
- La afirmación que hay que pronunciar durante la luna llena.

La luna llena (o eclipse lunar) en tu primera casa
(Conocida también como la zona de tu imagen)

▶ **En las próximas dos semanas:** cuenta con que tu vida personal o profesional dará un giro en un sentido u otro.

▶ **¡Advertencia sobre las emociones!:** la luna llena puede provocar intensos sentimientos relacionados con tu aspecto o tensiones y preocupaciones en alguna relación. Es posible que sea un punto de inflexión importante.

▶ **Mensajes:** es muy meritorio y satisfactorio estar pendiente de otra persona, una actitud que parece ciertamente valerosa, pero solo una vez al año. La luna llena ilumina tu primera casa para recordarte que también debes ocuparte de ti mismo.

Muchos de nosotros damos más de lo que recibimos, y a pesar de que eso suena muy bien en realidad puede interferir en el fluir de nuestra vida. La luna llena en tu primera casa es un período para recordarte que puedes aceptar la ayuda que te ofrecen, además de pedir ayuda cuando la necesites. Es probable que durante este período estés demasiado sensible y seguramente saldrán a la luz muchos temas de los que *necesitas* ocuparte, de manera que no rehúyas la situación.

▶ **Libérate de todos los conflictos que tienes en relación con:** tu aspecto. Esto puede sonar superficial, pero es sorprendente hasta qué punto la sensación de que estamos demasiado gordos o demasiado flacos, o cualquier otra cosa que tenga un impacto negativo en nuestra vida, nos impide salir al mundo exterior y alcanzar nuestro pleno potencial. Trabaja contigo mismo para encontrar al menos una o dos cosas que aprecias de tu forma de ser, independientemente de las sensaciones que puedas tener acerca de tu apariencia.

Concéntrate en lo que te gusta. Saca provecho de ello y disfrútalo. Esta es una luna llena importante y, en cierto sentido, extrapersonal. Debes utilizarla para analizar qué quieres llevar contigo en el próximo ciclo de doce meses y qué quieres dejar atrás. Esta puede ser una época en la que se manifiesten muchas emociones.

▶ **Puede haber un tira y afloja entre:** tus necesidades y las necesidades de las personas que son importantes para ti.

▶ **Encuentra el equilibrio entre:** tu pareja, tu ex o cualquier persona importante en tu vida, y tú mismo. Este puede ser un período para tomar conciencia de que has estado demasiado pendiente de otra persona y ahora ha llegado el momento de centrarte en ti. O quizás sea todo lo contrario y esta fase te sirva para darte cuenta de que has estado actuando de una forma egoísta y que necesitas prestar atención a otra persona y dedicarle más tiempo.

▶ **Perdón:** perdónate a ti mismo.

▶ **Sé agradecido:** escribe tu lista de agradecimiento y luego quémala.

▶ **Mantra:** este mes utiliza el mantra *Ram*. Cántalo en voz alta o mentalmente todos los días, cuando estés en la ducha, antes o después de meditar o en cualquier otra ocasión que te parezca conveniente.

▶ **Afirmación:** pronuncia la siguiente afirmación durante la noche de luna llena: «¡Estoy a punto de hacer un cambio decisivo!».

La luna llena (o eclipse lunar) en tu segunda casa
(Conocida también como la zona del dinero en efectivo, las propiedades y los valores financieros)

▶ **En las próximas dos semanas:** en lugar de preocuparte por tus problemas económicos, respira profundamente y concéntrate en encontrar soluciones.

▶ **¡Advertencia sobre las emociones!:** la luna llena puede suscitar sentimientos intensos en relación con tu estabilidad y tu seguridad económica, así como también con tu autoestima.

▶ **Mensajes:** esta luna llena te recuerda que necesitas encontrar el equilibrio entre lo que haces por ti mismo en términos económicos y lo que haces para los demás. Tienes que considerar tus ingresos y tus deudas. Esta parte de la carta representa tu autoestima, lo que piensas que vales como persona y también lo que los demás están dispuestos a pagarte, y esto habitualmente se basa en lo que tú pides, al menos dentro de lo razonable.

Si estás a punto de hacer una compra importante, este es el momento adecuado. Si has dejado que te controle otra persona cuyo poder económico te afecta directamente, tienes la oportunidad de liberarte de su dominio cuando la luna llena transita por tu segunda casa. Esta luna llena también te recuerda que necesitas ocuparte de tu vida íntima. No la descuides debido a preocupaciones mundanas.

▶ **Libérate de todos los conflictos que tienes en relación con**: el dinero. La segunda casa representa todos los temas asociados al dinero en efectivo, las propiedades y las posesiones. Por lo tanto, en este momento podría producirse una especie de clímax o una conclusión en relación con la liquidez. Si últimamente has estado preocupado o temeroso por este tema, aprovecha para trabajar en ello durante esta luna llena, pronunciando la afirmación asociada a ella para liberarte de tus temores. Debes ser muy consciente de que tu autoestima tiene influencia sobre la cantidad de dinero que atraes.

▶ **Puede haber un tira y afloja entre**: tu propio dinero y lo que los demás te pagan o te deben.

▶ **Encuentra el equilibrio entre**: cualquier problema que tengas en relación con dar y recibir. Si quieres ganarte la vida de forma independiente en lugar de tener un jefe, este es un excelente momento para planificar tu estrategia o cortar vínculos. Si has estado demasiado pendiente de otra persona, o has dependido mucho de ella, ha llegado el momento de volver a ocuparte de tu propia realidad. Es una etapa ideal para considerar la idea de que el Universo es abundante y que hay más que suficiente para todo el mundo. Te mereces la abundancia.

▶ **Perdón**: perdónate a ti mismo y a cualquier otra persona por todos los momentos en los que el dinero ha sido una preocupación.

▶ **Sé agradecido**: escribe tu lista de agradecimiento.

▶ **Mantra:** utiliza el mantra *Lam* durante esta luna llena. Cántalo en voz alta o mentalmente todos los días, cuando estés en la ducha, antes o después de meditar o en cualquier otra ocasión que te parezca conveniente.

▶ **Afirmación:** pronuncia la siguiente afirmación durante la noche de luna llena: «¡Todas mis necesidades están satisfechas, y yo me lo merezco!».

La luna llena (o eclipse lunar) en tu tercera casa
(Conocida también como la zona de tus comunicaciones)

▶ **En las próximas dos semanas:** podrías hablar más de lo que te gustaría.

▶ **¡Advertencia sobre las emociones!:** la luna llena puede provocar sentimientos intensos en relación con los hermanos y los vecinos. Y también está asociada a si debes o no expresar sinceramente tus sentimientos.

▶ **Mensajes:** está muy bien soñar con «la Gran Escapada», un sueño en el que tú y posiblemente una o dos personas queridas decidís marcharos a ver el mundo (o al menos el país vecino). Pero ¿qué sucede con los detalles? Esta luna llena te recuerda que hay mucho trabajo por hacer cerca de tu casa: tienes muchas cosas de las que debes ocuparte y hay algunos elementos en tu lista de obligaciones que hay que borrar de una vez.

También es una forma celestial de recordarte que necesitas imperiosamente expresarte. Si no has sido sincero con respecto a lo que sientes, ha llegado la hora de que manifiestes tus opiniones, independientemente de que lo hagas cara a cara, a través de Facebook, de un correo electrónico, de Twitter o de cualquier otra forma. En este período se ponen al descubierto los conflictos con los hermanos, y es posible resolverlos.

▶ **Libérate de todos los conflictos que tienes en relación con:** la comunicación, tus hermanos y tus vecinos. Extrema tus precauciones para que los desacuerdos no lleguen a descontrolarse. Esta luna llena revelará a algunas personas la información necesaria para solucionar un problema o una duda que las acompaña desde hace mucho tiempo.

Presta atención a lo que escribes en un papel, un correo electrónico, un texto, las redes sociales o cualquier otro lugar durante este período. Las emociones tienden a desbordarse, de manera que no le des a «enviar» y luego te arrepientas de lo que has dicho. Los problemas con los hermanos y vecinos también pueden manifestarse en esta fase. Dichos problemas se pueden resolver mediante el perdón. Recuerda que a menudo no es tan importante lo que dices sino cómo lo dices.

▶ **Puede haber un tira y afloja entre:** el sitio donde estás y el sitio donde crees que te gustaría estar.

▶ **Encuentra el equilibrio entre:** tu propia realidad y el extenso mundo que hay allí fuera. Esta es también una luna llena que puede desencadenar algún tipo de movimiento o resolución de un asunto legal. Los amigos y los familiares que viven lejos pueden cobrar más relevancia, al igual que los viajes y las oportunidades de trabajo en el exterior. ¿Dónde quieres estar? ¿Aquí o allí?

▶ **Perdón:** perdónate a ti mismo por cualquier palabra negativa que hayas pronunciado; perdona a tus vecinos o hermanos por cualquier disgusto que hayan podido darte.

▶ **Sé agradecido:** escribe tu lista de agradecimiento.

❯ **Mantra:** este mes utiliza el mantra *Hum*. Cántalo en voz alta o mentalmente todos los días, cuando estés en la ducha, antes o después de meditar o en cualquier otra ocasión que te parezca conveniente.

❯ **Afirmación:** pronuncia la siguiente afirmación durante la noche de luna llena: «A medida que expreso el amor que siento por mí mismo, la vida me ofrece todo lo que necesito».

La luna llena (o eclipse lunar) en tu cuarta casa
(Conocida también como la zona del hogar y la familia)

❯ **En las próximas dos semanas:** presta atención a las necesidades de tu familia y también a tus propias necesidades de tener un espacio personal y un tiempo privado.

❯ **¡Advertencia sobre las emociones!:** esta luna llena puede suscitar sentimientos intensos en relación con tu familia; bendícelos.

❯ **Mensajes:** trabajar con esfuerzo para conseguir tus metas personales parece algo positivo, pero hay un tiempo y un lugar para todas las cosas. El momento en que la luna llena está en tu cuarta casa, te encuentras en un ciclo en el que los planetas (así como el sol y la luna) te sugieren que necesitas encontrar el equilibrio entre tus metas y objetivos externos, y tus necesidades internas.

Tal vez tu familia necesite que pases más tiempo con ella. O quizás solamente precisas pasar un poco de tiempo sin pensar en nada. Observa tus relaciones familiares e intenta discernir si todo está funcionando tan armoniosamente como te gustaría. Si no es así, este es el momento de invertir un poco de energía en esa parte de tu vida.

▶ **Libérate de todos los conflictos que tienes en relación con**: tu vida personal/familiar/hogareña. Todos los asuntos vinculados con tu familia pueden salir a la superficie en este ciclo, de modo que te aconsejo que estés preparado. Sin embargo, no debes asustarte sino más bien considerar que es una oportunidad para resolver algunos conflictos importantes. Tenemos unos vínculos kármicos muy especiales con nuestros familiares y todos los problemas que surjan en este ámbito sirven para ayudarnos a evolucionar.

Esta luna llena también puede ser un momento para introducir cambios en el lugar donde vivimos. Si no estás seguro de cuál es el mejor camino que debes seguir, o *a qué lugar* llamas hogar, medita sobre ello y solicita a tus arcángeles, diosas y guías que te orienten. Los conflictos y los proyectos conectados con el hogar se pueden resolver durante este ciclo de la luna.

▶ **Puede haber un tira y afloja entre**: lo que aspiras alcanzar en tu vida profesional y tus obligaciones familiares.

▶ **Encuentra el equilibrio entre**: tu vida personal y profesional. Quizás eres de ese tipo de personas que se olvidan de tener una vida personal y descuidan a su pareja y amigos por trabajar demasiado. O tal vez eres de los que saben que tienen mucho más para ofrecer al mundo. En cualquier caso, este es el mejor momento para encontrar un equilibrio. La ambición y la familia funcionan muy bien juntas: el éxito puede ayudarte a mimar a tus seres queridos y tu deseo de ocuparte de las necesidades de tu familia puede inspirarte ambición.

▶ **Perdón**: perdónate a ti mismo por cualquier disgusto que puedas haber tenido con tu familia o tus compañeros de piso. Consigue que tu hogar sea un santuario de paz.

▶ **Sé agradecido**: escribe tu lista de agradecimiento.

▶ **Mantra:** tu mantra durante esta luna llena es *Om*. Cántalo en voz alta o mentalmente todos los días, cuando estés en la ducha, antes o después de meditar o en cualquier otra ocasión que te parezca conveniente.

▶ **Afirmación:** pronuncia la siguiente afirmación durante la noche de luna llena: «Me siento firme y seguro».

La luna llena (o eclipse lunar) en tu quinta casa

(Conocida también como la zona de los niños, los romances y la creatividad)

▶ **En las próximas dos semanas:** observa si te estás divirtiendo lo suficiente; la diversión es muy positiva para todos.

▶ **¡Advertencia sobre las emociones!:** la luna llena puede suscitar intensos sentimientos asociados a un tema relacionado con un niño (un hijo tuyo o el hijo de otra persona), tu vida amorosa o un proyecto creativo en el que estés trabajando.

▶ **Mensajes:** por lo general, hay mucho movimiento emocional en tu carta y en tu vida cuando la luna llena se encuentra en tu quinta casa, que representa la expresión personal. Tal vez te sientes triste o simplemente tienes un montón de emociones acumuladas y en este momento puedes desahogar tu corazón.

Para algunos de nosotros se trata de la alegría que nos proporciona un niño (sea nuestro propio hijo o el de otra persona). Pero también puede representar volcar nuestras emociones en un proyecto creativo en el que estamos trabajando. Y mientras ocurre todo esto, necesitas encontrar el equilibrio entre tu propio ser y tus amigos; no debes olvidarte de ellos. Este es tu desafío para el próximo mes.

▶ Libérate de todos los conflictos que tienes en relación con: encontrar tiempo para descansar. Las últimas semanas seguramente has estado trabajando muy duro, pero ahora quizás adviertas que necesitas estar con tus amigos. Arregla las cosas para que este ciclo de la luna llena sea un período sociable en el cual la persona que más disfrute de la vida seas tú.

En esta fase puede surgir algún problema relacionado con un niño (sea tu propio hijo o el de otra persona). Con un poco de suerte, todo se resolverá de una forma que complacerá a todo el mundo. Si tienes un proyecto creativo entre manos, este es un muy buen momento para completar la última etapa del trabajo o incluso concluirlo.

▶ Puede haber un tira y afloja entre: lo que necesitan tus amigos y lo que necesitas tú. Debes concentrarte en tu propia forma de expresarte. Y esto puede referirse a los niños y a los proyectos creativos.

▶ Encuentra el equilibrio entre: la cantidad de tiempo que dedicas a las necesidades de los grupos y los círculos sociales a los que perteneces y la frecuencia con que *tú* ocupas el centro del escenario, siendo tú mismo, manifestando tus opiniones y dejando que el mundo se entere de lo que tienes para ofrecer. Es sano y seguro estar con muchas personas y hacer lo que ellas hacen, pero este es el tiempo propicio para mostrarle al mundo quién eres. Si en este momento concluye una relación amorosa, esa ruptura se produce en el momento oportuno. Y una relación amorosa que comience en esta fase podría ser un vínculo en el que predominen los sentimientos y que incluso podrían crecer y menguar con la luna.

▶ Perdón: perdona a cualquier persona que te desanime; perdónate a ti mismo por todas las ocasiones en que has sentido que no eras buen padre o madre, o por los momentos en que te tomaste la vida con excesiva seriedad.

▶ **Sé agradecido:** escribe tu lista de agradecimiento.

▶ **Mantra:** este mes utiliza el mantra *Vam*. Cántalo en voz alta o mentalmente todos los días, cuando estés en la ducha, antes o después de meditar o en cualquier otra ocasión que te parezca conveniente.

▶ **Afirmación:** pronuncia la siguiente afirmación durante la noche de luna llena: «¡Soy una persona creativa!».

La luna llena (o eclipse lunar) en tu sexta casa
(Conocida también como la zona de tu trabajo diario y tu salud)

▶ **En las próximas dos semanas:** encuentra la forma de que tu vida esté en paz.

▶ **¡Advertencia sobre las emociones!:** esta luna llena puede provocar sentimientos intensos en relación con lo que haces cada día para ganarte la vida. También puede anunciar miedos sobre la salud, que pueden ser totalmente infundados.

▶ **Mensajes:** si eres uno de los «afortunados» (es decir, si has trabajado de forma autónoma), esta es la luna llena en la que te ves a ti mismo tal como *realmente* eres. Por lo tanto, eres capaz de identificar tus puntos fuertes y también tus defectos, y te decides a hacer algo para modificar estos últimos.

El mensaje se relaciona con tu vida cotidiana. ¿Llevas una vida sana? ¿Sales a la naturaleza y haces ejercicio? ¿Has abandonado tus viejos hábitos hace tiempo, como por ejemplo fumar y salir demasiado de fiesta? En caso contrario, esta luna llena es tu oportunidad anual para comenzar de nuevo a cuidar de ti mismo: el cuerpo, la mente y el espíritu. Las rutinas son tus amigas en esta luna llena. En el trabajo, tómatelo con calma.

▶ **Libérate de todos los conflictos que tienes en relación con:** los hábitos de los que necesitas desprenderte. Esta parte de tu carta astral está asociada con los ritmos diarios de tu vida. Si no estás satisfecho con cómo van las cosas, con el rumbo que ha tomado tu vida, con tus rutinas matinales y vespertinas, este es el momento ideal para deshacerte de viejas costumbres y empezar a hacer las cosas de un modo diferente.

En particular, deberías abandonar ya tus hábitos poco sanos o incluso tóxicos, independientemente de que sea no beber suficiente agua, beber demasiado alcohol, no hacer suficiente ejercicio, comer exageradamente o demasiado poco. Nuestros hábitos diarios tienen un impacto sobre nuestra salud, y tu sexta casa representa los hábitos y la salud. Cuida tus hábitos y tu salud se cuidará a sí misma.

▶ **Puede haber un tira y afloja entre:** tu necesidad de actuar en el mundo real y ocuparte de tus obligaciones, y tu necesidad de encontrar un poco de calma y descanso.

▶ **Encuentra el equilibrio entre:** tu rutina diaria y el misterioso cosmos. Sí, has leído bien. La mayoría de nosotros tenemos algún tipo de rutina diaria (cosas que necesitamos hacer, responsabilidades y obligaciones que no podemos evitar) y luego un tiempo de descanso, de paz, de meditación, de contemplación, y también tenemos el Gran Vacío o la Brecha: el «lugar» misterioso del Universo donde podemos simplemente «ser». Hacer una meditación o practicar yoga cada día puede ayudarnos a equilibrar las cosas cuando la luna llena se encuentra en la sexta casa. De hecho, es muy recomendable.

▶ **Perdón:** perdona a las personas que te molestan diariamente con pequeñas cosas, probablemente de la misma forma que tú las fastidias a ellas. Perdónate a ti mismo por tener hábitos poco saludables, haz algunos cambios y sigue adelante.

▶ **Sé agradecido:** escribe tu lista de agradecimiento.

▶ **Mantra:** este mes utiliza el mantra *Hum*. Cántalo en voz alta o mentalmente todos los días, cuando estés en la ducha, antes o después de meditar o en cualquier otra ocasión que te parezca conveniente.

▶ **Afirmación:** pronuncia la siguiente afirmación durante la noche de luna llena: «¡Mi salud es perfecta!».

La luna llena (o eclipse lunar) en tu séptima casa
(Conocida también como tu zona del amor)

▶ **En las próximas dos semanas:** cuenta con que surgirán algunos conflictos relacionados con tus relaciones amorosas.

▶ **¡Advertencia sobre las emociones!:** esta luna llena puede suscitar sentimientos intensos vinculados con tu vida amorosa.

▶ **Mensajes:** esta luna llena sugiere que ha llegado la hora de hacerse un poco a un lado. Es tiempo de invertir parte de tu energía emocional en tu otra mitad (tu pareja o alguien que sea significativo en tu vida) o en otras personas que son importantes para ti (un socio comercial, un amigo o incluso un adversario). Pensar únicamente en ti está muy bien en el momento oportuno, pero ahora toca dedicarse a otra persona.

Como mínimo, debería existir un equilibrio entre el tiempo dedicado a tu propia persona y el que le dedicas a alguien que necesite tu atención. La luna llena también puede traer conclusiones o pérdidas, de modo que si tienes alguna relación que esté tocando a su fin, puedes seguir adelante con la tranquilidad de que, hablando en términos celestiales, estás acabando algo en el momento conveniente.

▶ **Libérate de todos los conflictos que tienes en relación con:** el amor y las relaciones. Esto puede referirse a tu actual situación amorosa o a una relación pasada. A un nivel kármico, al parecer todo el tema de las relaciones consiste en que somos meros mortales que aprenden lecciones a través de los demás. Una persona que consigue sacarnos de nuestras casillas puede enseñarnos mucho sobre nosotros mismos y sobre cómo gestionar nuestros impulsos y nuestras emociones.

Por esta razón, muchas relaciones maravillosas en ocasiones pueden sufrir muchas tensiones. Ese es el resultado de dos almas que evolucionan y aprenden a amar a pesar de los momentos difíciles. La luna llena en la séptima casa también puede suponer la ocasión de decidir desvincularse de una relación que ha llegado a su fecha de caducidad. Y esto también es muy positivo. Como suele decirse, algunas personas llegan a nosotros por un motivo y se quedan en nuestra vida durante una temporada.

▶ **Puede haber un tira y afloja entre:** lo que tú necesitas y lo que necesita tu pareja, jefe, mejor amigo o amiga u otras personas importantes para ti.

▶ **Encuentra el equilibrio entre:** pensar en ti mismo y pensar en otra persona. La emocional luna llena en tu séptima casa pone el acento en lo que sientes por alguien importante en tu vida. Este también es un buen período para practicar tu capacidad para negociar y comprometerte. Independientemente de que la relación en cuestión sea con tu pareja, tu ex, tu socio comercial o un adversario, si te esmeras por encontrar una forma de llegar a un terreno de entendimiento, habrás aprovechado lo mejor de esta luna llena.

▶ **Perdón:** perdona a cualquier persona y luego perdónate a ti mismo por cualquier «error» que hayas podido cometer en una relación. (Lo creas o no, en realidad los errores no existen: todo sucede por una razón, y todo es perfecto y tal como debe ser).

▶ **Sé agradecido**: escribe tu lista de agradecimiento.

▶ **Mantra**: este mes utiliza el mantra *Yum*. Cántalo en voz alta o mentalmente todos los días, cuando estés en la ducha, antes o después de meditar o en cualquier otra ocasión que te parezca conveniente.

▶ **Afirmación**: pronuncia la siguiente afirmación durante la noche de luna llena: «Soy amado, soy cariñoso, soy adorable».

La luna llena (o eclipse lunar) en tu octava casa
(Conocida también como la zona del sexo y la economía compartida)

▶ **En las próximas dos semanas**: resuelve tus sentimientos sobre el sexo y el dinero.

▶ **¡Advertencia sobre las emociones!**: esta luna llena puede promover intensos sentimientos vinculados con tu vida sexual y económica.

▶ **Mensajes**: esta luna llena se refiere a encontrar el equilibrio entre lo que das y lo que recibes. Si aceptas que has estado exagerando con las dos cosas, puedes estar seguro de que esta luna llena es el mejor momento para recuperar el equilibrio. El problema es que cuando damos demasiado pero no sabemos recibir, en realidad estamos enredando las leyes naturales que gobiernan el libre fluir de la vida. ¿Cómo puede el Universo enviarte un flujo abundante de cosas positivas si tú no puedes recibirlas sin luchar?

Esta luna llena también anuncia un período muy propicio para ocuparse de las cuestiones prácticas económicas, tal como saldar deudas y cobrar tus propias facturas. También es un excelente momento para invertir parte de tus emociones en la alcoba.

▶ **Libérate de todos los conflictos que tienes en relación con**: cualquier cosa que te esté bloqueando, desanimando o impidiéndote vivir la vida que deseas. La octava casa gobierna todo lo relacionado con la muerte y el renacimiento, y con el hecho de reinventarte y transformarte. Puede ser una zona que suscite temores; después de todo, aquí residen la muerte y los impuestos. Y esos temas pueden salir a la palestra cuando esta parte de tu carta astrológica se activa.

Pero no debes preocuparte. La luna llena cae en esta casa una vez al año (como mínimo) y con toda seguridad no tendrás que gestionar estos aspectos desagradables anualmente. Considera esta luna llena como una valiosa oportunidad para transformarte como persona. También está asociada al dinero en efectivo; un poco más adelante encontrarás más información.

▶ **Puede haber un tira y afloja entre**: tu dinero y el punto en el que tu dinero se encuentra con el de otra persona.

▶ **Encuentra el equilibrio entre**: lo que consideras que vales y lo que realmente recibes como remuneración por tus esfuerzos en el trabajo. Se trata de la sensación de tu valía personal, frente al valor que otra persona te adjudique. Esta parte de la carta también se asocia con el sexo y pueden surgir conflictos vinculados al sexo y a la sexualidad. Esto es positivo, porque es un momento idóneo para resolverlos y seguir avanzando.

▶ **Perdón**: perdona a cualquier persona que se haya pasado de la raya, te haya herido o haya roto un tabú. También perdónate a ti mismo por cualquier problema que hayas tenido con el dinero y que te despierte un sentimiento de culpabilidad.

▶ **Sé agradecido:** escribe tu lista de agradecimiento.

▶ **Mantra:** este mes utiliza el mantra *Vam*. Cántalo en voz alta o mentalmente todos los días, cuando estés en la ducha, antes o después de meditar o en cualquier otra ocasión que te parezca conveniente.

▶ **Afirmación:** pronuncia la siguiente afirmación durante la noche de luna llena: «¡He dejado atrás mi pasado para seguir evolucionando!».

La luna llena (o eclipse lunar) en tu novena casa
(Conocida también como tu zona de la visión general)

▶ **En las próximas dos semanas:** ocúpate de tus preocupaciones relacionadas con el estudio, los viajes y la Gran Búsqueda Cósmica.

▶ **¡Advertencia sobre las emociones!:** esta luna llena puede suscitar intensos sentimientos relacionados con la dirección que ha tomado tu vida: tu filosofía de vida.

▶ **Mensajes:** crecimiento personal, religión, filosofía, publicación, Internet, viajes y estudios son algunos de los temas que se avecinan para ti cuando la luna llena llega a tu novena casa. Sé sincero contigo mismo: ¿has estado muy ocupado pensando en los detalles de tus últimos problemas o actividades? Algunas veces eso simplemente es una táctica para demorar las cosas, y es preciso dar un paso atrás para tener una visión general de dónde nos encontramos y dónde queremos estar.

Tu vida y tu mente ¿están ampliándose o estrechándose? Si has dejado de sentir gusto por las aventuras, al único que puedes culpar es a ti mismo. Este es un gran momento para probar algo nuevo, algo que sobrepase tu realidad cotidiana habitual.

▶ **Libérate de todos los conflictos que tienes en relación con**: la idea de que la hierba siempre puede estar más verde. En este caso la luna llena significa que ha llegado la hora de que veas tu vida desde una perspectiva general. Quizás hayas tenido una crisis y te preguntes si eso es todo lo que hay en la vida. Dedica unos instantes a tener una visión más amplia. Con un poco de suerte, al hacerlo te sentirás agradecido por lo que tienes.

Este también es un período para preguntarte si deseas renunciar a todo lo que tienes o quieres estar exactamente donde te encuentras. ¿Acaso la hierba reverdecerá si te marchas? Si te quedas en casa, también podría suceder que te pusieras más en contacto con alguien que está en el extranjero. Nunca se sabe. En este período es posible que se solucionen asuntos legales o que al menos salgan a la luz.

▶ **Puede haber un tira y afloja entre**: estar aquí y querer estar allí. Sentirse dividido entre permanecer en tu hogar y estar lejos. Las pequeñas ideas frente a las grandes ideas.

▶ **Encuentra el equilibrio entre**: tus pensamientos y tu fe. Esta es una oportunidad para que abandones tus miedos y los pensamientos que te limitan, y aceptes la idea de que existe un poder superior a todos nosotros que está allí fuera en el Gran Desconocido. Si cuando la luna llena se encuentra en la novena casa estás pasando una «noche oscura del alma», al menos debería reconfortarte el hecho de saber que en términos cósmicos te encuentras en un momento perfecto. Esta es una oportunidad para que crezcas espiritualmente y amplíes tu comprensión del mundo que te rodea. Abre tu ser a nuevas ideas.

▶ **Perdón:** perdona a quienes son estrechos de miras o perdónate a ti mismo si has sido intolerante.

▶ **Sé agradecido:** escribe tu lista de agradecimiento.

▶ **Mantra:** este mes utiliza el mantra *Ah*. Cántalo en voz alta o mentalmente todos los días, cuando estés en la ducha, antes o después de meditar o en cualquier otra ocasión que te parezca conveniente.

▶ **Afirmación:** pronuncia la siguiente afirmación durante la noche de luna llena: «¡Sé que soy afortunado!».

La luna llena (o eclipse lunar) en tu décima casa
(Conocida también como la zona de tu profesión)

▶ **En las próximas dos semanas:** resuelve los problemas relacionados con tu trabajo.

▶ **¡Advertencia sobre las emociones!:** esta luna llena puede suscitar intensos sentimientos relacionados con tu carrera y tu trayectoria profesional.

▶ **Mensajes:** si has estado escondiéndote y manteniendo habitualmente un perfil bajo, ¡ten cuidado! El Universo te sugiere a gritos que ha llegado la hora de que salgas de las sombras para volver a ocupar el centro de la atención. Aunque puede resultar tentador dejarte llevar por la pereza o la indolencia y quedarte en casa, la luna llena que se encuentra en tu décima casa te indica que es el momento de invertir parte de tu energía emocional en tu vida profesional.

Incluso si últimamente tu trabajo ha sido una fuente de disgustos, no te rindas. Para algunas personas esta puede ser una etapa en la que una situación laboral o un proyecto de trabajo tocan a su fin. Pero no hay motivos para asustarse. Es bueno recordar que el Universo aborrece los vacíos y muy pronto llegará algo nuevo para sustituir lo que se acaba.

¿Hasta qué punto estás comprometido con tus objetivos? Esta puede ser tu ocasión para brillar en el trabajo. Cuando la luna llena llega a tu décima casa, conocida como *la zona de tu profesión*, parece que fueras empujado a ser el foco de la atención en tu vida profesional, estés o no preparado para ello. Para algunos puede tratarse de un importante proyecto de trabajo que empieza a fructificar.

Por el contrario, si un proyecto o un trabajo están a punto de concluir, siempre te queda el consuelo de que todo está sucediendo en un momento divino. Esta es una buena ocasión para preguntarte cómo te sientes en relación con tu carrera. ¿Qué quieres hacer ahora? ¿A dónde te gustaría llegar?

▶ **Libérate de todos los conflictos que tienes en relación con:** tu volumen de trabajo y el impacto que tiene en tu vida familiar.

▶ **Puede haber un tira y afloja entre:** tus obligaciones hogareñas y todo lo que debes hacer para salir adelante en tu carrera.

▶ **Encuentra el equilibrio entre:** lo que eres internamente frente a lo que eres en el mundo exterior (como alguien que busca, o no, conseguir buenos resultados). Tal como sucede cuando la luna llena se encuentra en la cuarta casa, esta lunación te pide que halles un equilibrio entre tu vida laboral y familiar. Podría haber tensiones o exigencias familiares que estén afectando a tu capacidad para rendir al máximo en tu trabajo.

O también podría ser que ciertos conflictos laborales te impidieran tener una vida personal rica. Cualquiera que sea el caso, esta es la segunda oportunidad que tienes en este ciclo de doce meses para encontrar el equilibrio. Este es el momento en el cual a algunas personas les llegan los reconocimientos. En el caso de otras resulta evidente que necesitan involucrarse más emocionalmente en su profesión.

▶ **Perdón**: perdona a cualquiera que sientas que te ha hecho daño en el terreno profesional, y a ti mismo por cualquier conducta indebida que hayas tenido en el trabajo en alguna ocasión.

▶ **Sé agradecido**: escribe tu lista de agradecimiento.

▶ **Mantra**: este mes utiliza el mantra *Lam*. Cántalo en voz alta o mentalmente todos los días, cuando estés en la ducha, antes o después de meditar o en cualquier otra ocasión que te parezca conveniente.

▶ **Afirmación**: pronuncia la siguiente afirmación durante la noche de luna llena: «¡Tengo un trabajo perfecto, en condiciones perfectas; ofrezco un servicio perfecto, por una retribución perfecta!».

La luna llena (o eclipse lunar) en tu undécima casa
(Conocida también como la zona de los amigos)

▶ **En las próximas dos semanas**: afronta cualquier conflicto que tengas con tus amigos.

▶ **¡Advertencia sobre las emociones!**: la luna llena puede provocar intensos sentimientos relacionados con las amistades y los sueños no cumplidos.

▶ **Mensajes**: resulta tentador centrarte en ti mismo y en tus propios placeres. Tal vez seas una persona creativa que adora expresarse. ¿Y por qué no? Después de todo, la vida es para vivirla y para pasarlo bien. No obstante, la luna llena de este mes presente en tu undécima casa te recuerda que necesitas encontrar el equilibrio entre permitirte hacer lo que te gusta y recordar que las personas importantes de tu vida también requieren un poco de atención de tu parte. Cualquier cosa que hagas por los demás te ayudará a conseguir puntos kármicos adicionales gracias a tus méritos. Esto también contribuye a que el próximo mes sea propicio para entablar relaciones.

¿Cuáles son tus sueños? ¿Conoces a alguien que pueda ayudarte a conseguirlos? La luna llena en esta casa arroja una luz cálida y suave sobre tus deseos. ¿Están funcionando para ti? ¿Estás obteniendo lo que has soñado? Y si no es así, ¿por qué crees que está sucediendo eso? Es extraño pero cierto que algunas veces simplemente sabemos que no vamos a conseguir aquello que afirmamos desear. En ocasiones sabemos de forma intuitiva que algo no va a ocurrir jamás. O tal vez lo que sucede es que ya no deseamos lo que solíamos anhelar. Cuando la luna llena se encuentra en tu undécima casa es el momento ideal para liberar esos deseos en el éter.

Esta parte de tu carta astrológica habla esencialmente de los amigos y las relaciones sociales. ¿Cómo están tus amistades en este momento? ¿Estás satisfecho con ellas? ¿Te gustaría tener nuevos amigos? En esta etapa pueden surgir algunos problemas asociados a las relaciones de amistad. Respira profundamente antes de abordarlos. Una amistad que concluye en el ciclo de esta luna llena definitivamente lo hace en el momento cósmico correcto.

▶ **Libérate de todos los conflictos que tienes en relación con:** lo que has estado deseando. ¿Hay algún sueño que al parecer no se hace realidad? ¿Alguna relación de amistad en la que tengas dificultades?

▶ **Puede haber un tira y afloja entre:** lo que tú eres y lo que son tus amigos.

▶ **Encuentra el equilibrio entre:** lo que tú necesitas y lo que necesitas hacer u ofrecer a tus amigos. La undécima casa representa los clubes, los grupos y las redes sociales a los cuales perteneces. Cuando la luna llena está presente en esta casa, es muy probable que al menos uno de tus amigos requiera tu atención.

¿Te involucras al máximo con tu grupo de amigos, o alguno de ellos tiene algún motivo para quejarse? ¿O acaso eres tú quien en algunos momentos siente que alguno de ellos podría ser mejor amigo? Cuando la luna llena está presente en esta casa, te recuerda que tienes que encontrar el equilibrio entre tus propias necesidades y las de tus grupos, redes y círculos sociales.

▶ **Perdón:** perdona a cualquier amigo que te haya hecho daño en algún momento de tu vida y perdónate a ti mismo por cualquier sentimiento que hayas podido albergar en relación con esa persona.

▶ **Sé agradecido:** escribe tu lista de agradecimiento.

▶ **Mantra:** durante esta luna llena utiliza el mantra *Om*. Cántalo en voz alta o mentalmente todos los días, cuando estés en la ducha, antes o después de meditar o en cualquier otra ocasión que te parezca conveniente.

▶ **Afirmación:** pronuncia la siguiente afirmación durante la noche de luna llena: «¡Soy un gran amigo y atraigo buenos amigos!», o: «¡Mis sueños y deseos se están manifestando!».

La luna llena (o eclipse lunar) en tu duodécima casa
(Conocida también como la zona de tus secretos)

▶ **En las próximas dos semanas:** procura tener un tiempo para descansar.

▶ **¡Advertencia sobre las emociones!**: esta luna llena puede provocar intensos sentimientos vinculados con tu ser secreto.

▶ **Mensajes:** probablemente tu vida haya sido un poco ajetreada últimamente y nadie puede culparte por querer tener un poco de tiempo para descansar. La luna llena presente en tu duodécima casa te permitirá hacer precisamente eso. Para muchas personas esta luna llena llega en un momento en el que se sienten un poco infelices o melancólicas, aunque en realidad simplemente están agotadas por todos los esfuerzos invertidos en las obligaciones de la vida cotidiana. Encuentra tiempo para descansar. Medita o practica yoga. Necesitas encontrar el equilibrio entre el trabajo y el descanso.

Lo peor que tiene la luna llena cuando está presente en la duodécima casa es que te obliga a analizar en qué áreas de tu vida te has estado saboteando con tu propia conducta. Lo mejor de la luna llena cuando se encuentra en la duodécima casa es que te fuerza a analizar en qué áreas de tu vida te estás saboteando con tu propia conducta. ¿Lo captas?

La duodécima casa desafortunadamente es conocida como la casa donde se deshace el propio trabajo. Todos tenemos una duodécima casa en nuestra carta natal y, por lo tanto, algunas partes de nosotros mismos son nuestro peor enemigo. Las buenas noticias son que cuando la luna llena se encuentra en esta parte de tu carta astrológica, tienes una magnífica oportunidad para identificar esa conducta, verla tal cual es y liberarte de ella

▶ **Libérate de todos los conflictos que tienes en relación con:** aquello de lo que no te gusta hablar. Perdona a otras personas por cualquier daño que puedan haberte hecho y perdónate a ti mismo por cualquier daño que te hayas infligido a ti mismo o le hayas hecho a otro, de manera manifiesta o encubierta.

▶ **Puede haber un tira y afloja entre:** lo que debes hacer cada día para que la vida siga circulando y lo que necesitas para alcanzar la paz interior.

▶ **Encuentra el equilibrio entre:** tu vida cotidiana, en la que te desempeñas como un ser humano activo y dinámico, y tu lado secreto, que es misterioso, delicado y tal vez también un poco oscuro. Para algunos ese lado secreto es todo aquello que piensan que deberían ocultar, y para otros es lo que otras personas (probablemente los padres) les han dicho que deberían ocultar. Esta luna llena puede suscitar algunos sentimientos bastante intensos, nos guste o no.

Incluso podemos disculparnos con alguien –porque esta es la casa del autosabotaje– y el hecho de no expresar cómo nos sentimos es una forma extraordinaria de autosabotearnos. El mes en el cual la luna llena cae en tu duodécima casa es la ocasión ideal para hacer un retiro, si eso te apetece. Es un momento propicio para hacer un trabajo interior e incluso analizar tu espiritualidad. En algunas ocasiones esta luna llena saca a la luz un gran secreto. No seas exigente contigo mismo en este momento del año: esta es una de las lunas llenas que suscitan emociones más intensas. La próxima será más fácil.

▶ **Perdón:** perdónate a ti mismo por cualquier cosa que te haga sentir avergonzado. Comprende que no hay nada de qué avergonzarse, todos estamos evolucionando y aprendiendo. Perdona a otra persona que pueda haberte hecho daño en algún momento.

▶ **Sé agradecido:** escribe tu lista de agradecimiento.

▶ **Mantra:** este mes utiliza el mantra *Ham*. Cántalo en voz alta o mentalmente todos los días, cuando estés en la ducha, antes o después de meditar o en cualquier otra ocasión que te parezca conveniente.

▶ **Afirmación**: pronuncia la siguiente afirmación durante la noche de luna llena: «¡Es muy conveniente tener un tiempo de calidad para mí!».

Resumen

Ahora tienes toda la información que necesitas para trabajar con la luna llena. En esta sección has aprendido:

- Por qué la luna llena es ideal para perdonar y por qué el perdón es crucial para manifestar los deseos.
- Por qué la gratitud es tan importante y de qué forma sustituye a la negatividad liberada durante la luna llena.
- Qué significa la presencia de la luna llena en los doce signos.
- Qué significa la presencia de la luna llena en las doce casas.

Preguntas frecuentes

▶ *¿Y qué puede suceder si no quiero perdonar a alguien?*

Una lectora me escribió en una ocasión para decirme que no tenía el más mínimo deseo de perdonar a su exmarido, que había sido un maltratador. En cierto sentido eso era comprensible; sin embargo, no la ayudaba a progresar. La cuestión es que el hecho de perdonar a alguien no significa que pienses que lo que hizo fuera correcto. Al perdonar te liberas de la situación vivida y puedes pasar así a la siguiente etapa de tu vida. En caso contrario, esa persona de tu pasado de algún modo sigue estando en tu presente y continúa teniendo influencia sobre ti.

▶ *¿Puedo pedir deseos durante la luna llena?*

Claro que sí. Puedes pedir deseos tanto durante la luna nueva como durante la luna llena. No obstante, en teoría la luna llena es el punto máximo del ciclo y los días que la suceden son propicios para relajarse y liberarse de los apegos. Lo ideal es que expreses tus deseos durante el ciclo de la luna nueva porque las dos semanas que siguen (hasta que llega la luna llena) son más dinámicas y favorables para que trabajes con ahínco a fin de que tus sueños se hagan realidad. Sin embargo, creo que es preferible expresar los deseos en luna llena que no tener claro cuáles son tus deseos.

▶ *¿Qué ocurre si una luna llena tiene lugar durante mi cumpleaños?*

Una luna llena, o eclipse de luna llena, que tiene lugar en tu cumpleaños sugiere que el año que tienes por delante será con toda seguridad un año de cambios radicales. Ha llegado el momento de encontrar el equilibrio, posiblemente entre el tiempo que te dedicas a ti mismo y el que ofreces a los demás. Debes ocuparte de tus emociones. Es un año a lo largo del cual debes ser especialmente consciente de cómo gestionas tus sentimientos.

Cuarta parte

VIVE DE FORMA CONSCIENTE SIGUIENDO LA LUNA DIARIA

Saber dónde está la luna cada día puede servirte de guía. Si decides trabajar con ella y vivir de forma consciente, hay ciertas actividades y áreas de la vida en las que es conveniente participar (o no participar) o que hay que investigar en determinados momentos.

Capítulo 9

¿Dónde está la luna diaria?

Ya hemos hablado de las lunas nuevas y las lunas llenas. Pero ¿qué hay de la luna diaria? ¿Tiene alguna influencia? Definitivamente, sí.

He aquí una breve recapitulación: la luna nueva tiene lugar cuando el sol y la luna se encuentran en el mismo sitio en el mismo momento, y la luna llena se produce cuando el sol y la luna están en los lados opuestos del Zodíaco. ¿Y la luna diaria? Se trata del lugar donde se encuentra la luna en un día cualquiera. Recuerda que la luna se traslada a través de los doce signos y las doce casas de tu carta astrológica una vez al mes.

Solo tienes que visitar mi página web, www.moonology.com, para saber dónde está la luna cada día. O como alternativa puedes descargar un *widget** de los signos lunares (encontrarás varios en

---

* Un widget es una aplicación de tamaño reducido que nos permite tener disponible información de todo tipo, y habitualmente están ubicadas en el escritorio de los principales sistemas operativos del mercado.

Internet) o instalar un *software* gratuito, como por ejemplo www. astrowin.org. Y si tienes algún amigo o amiga que sean astrólogos, también podrías preguntarles a ellos.

Una vez que conozcas dónde se encuentra la luna en un día en particular, debes averiguar si está en un signo de fuego, tierra, aire o agua. A continuación te enseño cuáles son:

- **Fuego**: Aries, Leo y Sagitario.
- **Tierra**: Tauro, Virgo y Capricornio.
- **Aire**: Géminis, Libra y Acuario.
- **Agua**: Cáncer, Escorpio y Piscis.

Además tienes que saber cuáles son las características de cada elemento:

- **Fuego**: vehemente/impulsivo/apasionado.
- **Tierra**: sensato/práctico/estable.
- **Aire**: conversador/voluble/intelectual.
- **Agua**: emocional/psíquico/misterioso.

UNA GUÍA PARA LA LUNA DIARIA EN CADA UNO DE LOS SIGNOS

Cuando la luna (también llamada la «reina de las emociones») se encuentra en un signo de fuego, provoca las emociones más ardientes. Es así de simple. En un instante, puedes anticipar lo que sucederá a lo largo del día. Y recuerda que cuando la luna cambia de signo, como consecuencia se produce una alteración en el estado anímico. En el caso de que te lo estés preguntando, la luna cambia de signo al mismo tiempo en todo el mundo.

Ahora ya solo es cuestión de aplicarle a la luna lo que ya sabes sobre cada signo. Por ejemplo, la energía de Aries para la luna diaria es muy semejante a la energía de la luna nueva de Aries. La guía de las lunas diarias que presento a continuación describe las energías de cada luna diaria en cada uno de los doce signos del Zodíaco, y también indica cuál es el día más, o menos, propicio para realizar determinadas actividades.

La luna diaria en Aries ♈

Las emociones pueden manifestarse de una forma contundente cuando la luna llega a Aries. Después de todo, Aries está gobernado por el iracundo Marte, el planeta de la guerra. De manera que te aconsejo ser muy cauto si estás muy sintonizado con la luna y te encuentras en medio de una discusión. Respira profundamente varias veces y recuérdate que la luna en Aries no es ninguna excusa para perder esa templanza que tanto te ha costado alcanzar. Es mucho mejor utilizar la energía de Aries para concluir lo que tienes entre manos. Los días en los que la luna está en Aries están llenos de energía impetuosa y es muy fácil sentirse impulsado a actuar. Como alternativa, también podemos canalizar esa energía en algo constructivo. Además, es un tiempo en el que fluye el entusiasmo. A lo largo de este día intenta no ofenderte fácilmente. Este también es un día extraordinario para la meditación, ya que todos necesitamos una inyección adicional de zen cuando la luna está en Aries.

▶ **Un día favorable para**: estar muy activo a lo largo de todo del día.

▶ **Un día no tan favorable para**: una tranquila introspección.

▶ **Debes**: darte más prisa.

▶ **No debes**: involucrarte en una pelea.

La luna diaria en Tauro ♉

Este es un signo lunar encantador, la luna y Tauro se llevan muy bien. Ambos tienen una buena relación con la comida: la luna gobierna los alimentos y a Tauro le encanta comer bien. De manera que debes estar atento para no comer en exceso si estás intentando cuidar tu peso; en caso contrario, disfruta de la comida. Esta ubicación de la luna es sensual y relajante, por lo tanto intenta no tener demasiadas cosas que hacer. Es un día ideal para recibir un masaje u holgazanear todo el día en la cama con tu pareja o tu gato, o con una taza de té. Este no es un día para tener prisa.

Dicho esto, si hoy tienes muchas cosas que hacer, el paso lento y regular de Tauro será de gran ayuda. Si estás intentando mejorar tu economía, la luna de Tauro trae abundancia y es un momento muy favorable para trabajar con tus visualizaciones y planes.

▶ **Un día favorable para**: relajarse, estar acaramelado, comer y tomar el sol.

▶ **Un día no tan favorable para**: realizar tareas poco gratas.

▶ **Debes**: complacer tus sentidos y disfrutar de algunas comodidades.

▶ **No debes**: ser obstinado.

La luna diaria en Géminis ♊

El día parece ir demasiado rápido porque la luna se encuentra en el signo de Géminis, que está gobernado por Mercurio. Este día puede ser muy positivo si no estás sobrecargado de trabajo, pero un poco confuso si ya estás un poco agobiado por tus actividades. Ciertamente, es un día ajetreado. Esto podría parecer semejante a la información sobre el día en que la luna se encuentra en Aries (ver la página 223), pero es diferente: los días de la luna en Aries son días de acción, mientras que los días de la luna en Géminis se refieren más a la energía mental: hablar mucho y con mucha gente y estar hiperactivo.

Si hoy vas a hacer una presentación, tienes a las estrellas (o más bien a la luna) de tu lado. Asimismo, el día que la luna está en Géminis es una gran ocasión para organizar una reunión social o dar una fiesta, porque todo el mundo tiende a estar muy comunicativo y esto engrasa las ruedas de las relaciones sociales. Las conversaciones pueden aclarar diferentes asuntos. En consecuencia, es un buen día para ser inquisitivo.

▶ **Un día favorable para**: socializar, pensar, leer, hablar y, en general, sacar a relucir tu habilidad para comunicarte.

▶ **Un día no tan favorable para**: ser totalmente zen; hay demasiado que hacer y demasiados lugares a donde ir.

▶ **Debes**: llamar a tu mejor amigo, a tus hermanos, a tus padres o a cualquier otra persona que tengas en la lista de las llamadas pendientes.

▶ **No debes**: participar en las redes sociales hasta el punto de que te avergüences de ti mismo. Tú sabes muy bien cuál es el momento oportuno para ausentarte, ¡de modo que hazlo!

La luna diaria en Cáncer ♋

Después de la gran actividad de los últimos días, el mundo empieza a suspirar de alivio a medida que la luna se desplaza hacia Cáncer, un signo que adora el hogar. Este es un día para retirarse en el seno familiar o al menos para estar en casa. Las vibraciones son suaves y apacibles, y de pronto sientes la llamada de la vida doméstica. Es un día para arreglar tu nido.

Recoge tu casa si está un poco desordenada. Limpia, friega y haz la colada. Invita a tus amigos o familiares a disfrutar de una buena mesa (¡a Cáncer le encanta la comida!). Si observas que te estás dejando llevar por las vibraciones ligeramente inseguras de Cáncer, habla contigo mismo. El día que la luna está en Cáncer es una magnífica oportunidad para trabajar con tus dudas y miedos. No te ocultes bajo una roca. Afronta tus preocupaciones. También es un día propicio para revelarle a alguien tus zonas más vulnerables. No seas demasiado realista ni demasiado obstinado.

▶ **Un día favorable para**: quedarse en casa, hacer repostería y disfrutar del hogar. También para pasar un rato con los seres queridos. Y además para concebir algún plan dinámico: la energía de Cáncer es asimismo muy empresarial.

▶ **Un día no tan favorable para**: mostrarse retraído, distante e impasible.

▶ **Debes**: pasar tiempo con los niños que quieres, ser hospitalario, tomarte un tiempo de descanso.

▶ **No debes**: ir a ningún sitio que no te apetezca de verdad, a menos que sea una obligación ineludible.

La luna diaria en Leo ♌

¡Ha llegado el momento de presumir un poco! Leo es el signo del Zodíaco al que le gusta causar sensación, y cuando la luna pasa mensualmente a través de Leo, puedes estar seguro de que alguien en algún sitio está girando la cabeza. Si necesitas hacer algo con confianza y seguridad, el día en que la luna está en Leo es un momento excelente para empezar.

La luna en Leo tiene una energía muy creativa e incluso artística. Es un día para mostrarle al mundo «lo que has conseguido». No intentes ser modesto el día que la luna está en Leo: eso sería desperdiciar tus energías. Es un día propicio para cualquier tipo de teatralidad asociada al mundo del espectáculo. De manera que ponte en sintonía con la luna de Leo y organiza alguna actividad divertida.

▶ **Un día favorable para**: dar una fiesta, ponerte una pantalla de lámpara por sombrero, hacer reír a los demás, ser genial.

▶ **Un día no tan favorable para**: actuar con temor o timidez.

▶ **Debes**: sacar a relucir tus mejores recursos.

▶ **No debes**: fingir humildad; de cualquier modo, hoy nadie se dejará engañar.

La luna diaria en Virgo ♍

Tal vez ha llegado el momento de calmarse un poco después de pasar más de dos días con la locura de Leo. La luna de Virgo se pone su monóculo, se asegura de que todos los objetos que hay sobre su escritorio estén en su sitio y comienza a hacer todo lo necesario para que todo siga funcionando. El día en que la luna está en Virgo es un día maravilloso para hacer balance, hacer cuentas y tener una idea más precisa sobre en qué punto de tu vida te encuentras.

¿En qué área de tu vida te gustaría ser más eficaz? ¿O acaso te apetecería funcionar mejor en general? El día de la luna en Virgo es ideal para ponerse en marcha. También es un día muy propicio para reflexionar sobre tu dieta y las rutinas asociadas a tu salud. Si sientes que necesitas algún tratamiento para un determinado malestar o enfermedad, en primer lugar puedes recurrir a la medicina alternativa, aunque si el dolor persiste, es aconsejable que consultes con un médico.

▶ **Un día favorable para**: abandonar adicciones, poner en orden tu vida, crear nuevas rutinas.

▶ **Un día no tan favorable para**: comportarte de una forma extravagante, ser osado o imprudente (aunque podría estar bien compartir algo sexualmente excitante e inusual con tu pareja).

▶ **Debes**: ser servicial.

▶ **No debes**: ser demasiado crítico.

La luna diaria en Libra ♎

Esta luna es el equivalente de la luna en la séptima casa. ¿Y si Júpiter está alineado con Marte? ¡Uau! Libra es el signo de las sociedades y las relaciones, de manera que cuando la luna se encuentra en este signo, es una época maravillosa para enfocar tu mente en cuestiones románticas y también en asuntos comerciales que impliquen una sociedad. ¿Piensas que das y recibes de forma equitativa? ¿Crees que deberías hacer algún movimiento para acercarte a una persona que te ha resultado atractiva?

Este también es un buen día para hacer las paces con un ex al que has amado y a quien has perdido. A Libra le encanta negociar; por lo tanto, si tienes un asunto personal o profesional en el que te gustaría llegar a un acuerdo, por lo general (es decir, si el ego de Saturno no choca con Plutón o si no sucede algo similar) este sería el día correcto para iniciar las conversaciones. Básicamente, también es un día maravilloso para el amor, así que manifiesta tu cariño a las personas que amas. Del mismo modo, es muy recomendable que te homenajees con una buena comida y un buen vino.

▶ **Un día favorable para:** los romances y las asociaciones de todo tipo.

▶ **Un día no tan favorable para:** estar solo.

▶ **Debes:** prepararte para llegar a un acuerdo.

▶ **No debes:** dejar que tu cabeza gobierne tu corazón.

La luna diaria en Escorpio ♏

Escorpio es un signo maravilloso y todos lo tenemos en algún lugar de nuestra carta astrológica. No obstante, en gran medida Escorpio es también una parte de nuestro lado más oscuro. Y cuando la luna se desplaza a través de Escorpio, trae con ella parte de esta energía escorpiana que, como el escorpión real, tiene un aguijón. Por lo tanto, presta atención a cómo pasas el día cuando la luna está en Escorpio.

Sé cauteloso con cualquier persona que sea conocida por tener mal genio o que esté pasando una mala racha. Y si sientes que hoy tienes el aguijón un poco afilado, no te olvides de hacer tus meditaciones. A lo largo de este día pueden surgir disgustos menores y rivalidades mezquinas para recordarnos que somos seres humanos en plena evolución. Las buenas noticias sobre Escorpio son que su energía tiene la capacidad de transformarnos; en consecuencia, debes utilizarla correctamente. Un día en que la luna está en Escorpio puede tener un impacto muy importante en nuestra vida, sea en un nivel material, físico o psicológico.

▶ **Un día favorable para:** investigar un misterio, llegar hasta el fondo de algún asunto, ser un poco obsesivo en relación con alguien a quien adoras.

▶ **Un día no tan favorable para:** ser demasiado obsesivo, desarrollar malos hábitos o fisgonear.

▶ **Debes**: aclararte y aligerarte.

▶ **No debes**: sucumbir a tu lado oscuro.

La luna diaria en Sagitario ♐

Si quieres desahogarte y darte demasiado gustos, estás leyendo esto precisamente en el día adecuado. El día en que la luna está en Sagitario es perfecto para llevar las cosas lo más lejos posible. La energía está conectada con el planeta Júpiter, que ama los excesos y muchas veces tiende a exagerar. Como es evidente, esta forma de «tú te lo guisas y tú te lo comes» siempre tiene un coste. Presta mucha atención para no cometer insensateces a lo largo de este día. Ser aventurero es una cosa, pero otra muy distinta es ser imprudente.

Este también es un gran día para soñar con ese maravilloso libro que quieres publicar (o escribir) o para planificar tus estudios o un viaje. Además, es un día excelente para tener una visión general de las cosas, pues esto realmente nos ayuda a ver la situación en perspectiva y a dirigirnos hacia ese estado de gratitud fundamental gracias al cual todo tipo de cosas positivas llegan a nuestra vida.

▶ **Un día favorable para**: divertirse, correr riesgos, aprovechar una oportunidad, dar el primer paso, ser aventurero.

▶ **Un día no tan favorable para**: frenar o controlar las cosas, amortiguar tu entusiasmo, limitarte a ti mismo.

▶ **Debes**: ir a por todas, la fortuna favorece a Sagitario.

▶ **No debes**: ser demasiado cauto.

La luna diaria en Capricornio ♑

¿Necesitas centrarte? ¿Poner tus ideas en orden? ¿Concebir un plan? Tienes la oportunidad de hacerlo el día en el que la luna se encuentra en Capricornio. Este es el más organizado y ambicioso de los signos, de manera que cuando la luna se desplaza hasta él, el orden del día es ser sensible y tener una buena estrategia. Es un momento magnífico para volver a encarrilar tu vida. Reflexiona sobre dónde has estado, dónde aspiras estar y qué tipo de marca quieres dejar en el mundo.

Es un día en el que saldrán a la luz las relaciones con los jefes o se pondrá en tela de juicio tu propia posición como jefe. Comportarse de manera madura y pensar a largo plazo son las claves para el éxito. Sé inteligente, pero no te tomes las cosas demasiado en serio. Planifica tus objetivos para los próximos meses (es un día muy favorable para organizar el mes que tienes por delante), pero no dejes que todo esto te robe la alegría.

▶ **Un día favorable para**: alcanzar tus objetivos profesionales.

▶ **Un día no tan favorable para**: holgazanear y apoltronarse.

▶ **Debes**: emplear este día para volver al camino que te conduce hacia tu idea del éxito.

▶ **No debes**: olvidarte de pasarlo bien.

La luna diaria en Acuario ♒

Los días en los que la luna está en Acuario tienen la capacidad de alterar ligeramente nuestros nervios (¿o únicamente me sucede a mí?). Es como si todos necesitáramos esforzarnos por progresar un poco más y pensar en el futuro. Acuario representa la modernización y el progreso. Y cuando la luna está en Acuario, la situación actual de las cosas puede funcionar muy bien. Aunque también es un día maravilloso para ser rebelde e inconformista. Acuario es una energía que disfruta viviendo de un modo no convencional.

Por consiguiente, si te reconoces en la descripción anterior, seguramente descubrirás que el Universo (o mejor dicho la luna) te apoya para que manifiestes tu lado más excéntrico y divertido. También es un día estupendo para reunirte con tus amigos, mucho mejor si lo haces por una causa caritativa. A Acuario le encanta hacer cosas buenas para el mundo y llevarlas a cabo con la mayor cantidad posible de personas. ¿No se te ocurre nada solidario para hacer? Bien, de todas maneras sigue siendo un día propicio para organizar una reunión.

▶ **Un día favorable para:** pedir deseos.

▶ **Un día no tan favorable para:** hacer las cosas de una forma que ya está obsoleta; intentar detener el progreso.

▶ **Debes:** estar a la moda, pensar en el futuro y, simplemente, *avanzar*.

▶ **No debes:** sorprenderte si eres demasiado sincero y las personas se ofenden.

La luna diaria en Piscis ♓

Hablando en términos positivos, el día en el que la luna se encuentra en Piscis, la vida puede ser romántica y parecer un sueño. A lo largo de este día una hora se funde con la siguiente y nadie parece tener prisa por nada. Es un día propicio para escribir o leer poesía. Las meditaciones son más profundas. Las almas gemelas pueden aparecer, unirse o reunirse. Se le da un buen uso a la palabra *conmovedor*.

¿Y qué es lo negativo del día de la luna en Piscis? Las adicciones pueden ser un problema para algunas personas. La autocompasión y la sensación de estar perdido o de ser un mártir, se manifiestan más fácilmente a lo largo de este día. Sin embargo, se trata de un equilibrio: un día en el que la luna se encuentra en Piscis puede implicar estados alterados a los que se llega mediante el uso de drogas y alcohol, pero también puede querer decir llegar a un estado alterado de conciencia mediante una práctica espiritual que te conecta con lo Divino. O incluso mejor, llegar a ese estado porque la compañía de una persona especial nos hace sentir como si hubiéramos visto a Dios o a la Diosa.

▶ **Un día favorable para**: nadar, soñar, bañarse.

▶ **Un día no tan favorable para**: realizar un trabajo riguroso, ya sea físico o mental; tener discusiones, estar conectado a la tierra.

▶ **Debes**: entregarte a un pequeño o gran sueño.

▶ **No debes**: albergar la esperanza de que ese sueño se haga realidad sin ocuparte de hacer un seguimiento bien concreto.

Capítulo 10

Acércate a la luna

A continuación vamos a ocuparnos del desplazamiento de la luna diaria a través de las diferentes casas. Es preciso mencionar que ese movimiento no habrá de tener un impacto masivo en tu vida, ya que la luna se mueve muy rápido y sus efectos también son fugaces. No obstante, a medida que aprendas un poco más sobre astrología, puede ser maravilloso seguir los movimientos de la luna a lo largo de tu carta astrológica.

Más aún, si decides trabajar con la luna y vivir conscientemente, es recomendable que te ocupes de hacer determinadas cosas mientras la luna se desplaza a través de las doce casas de tu carta natal durante el transcurso de un mes.

Para conocer en qué parte de tu carta astrológica está la luna, primero debes saber en qué signo se encuentra. Todos los días puedes hallar esta información sobre el movimiento de la luna en el inicio de mi página web, www.moonology.com. Luego consulta la tabla de la página 108.

UNA GUÍA PARA LA LUNA DIARIA EN CADA UNA DE LAS CASAS

La siguiente guía te ofrece algunas ideas sobre cómo trabajar con la luna diaria mientras se desplaza por tu carta astrológica.

La luna diaria en tu primera casa

Este es un día para salir y mostrarle al mundo lo que tu madre te ha dado. El énfasis está puesto en tu aspecto, y si no estás demasiado satisfecho con él, este es el momento más propicio del mes para renovarte, sea con un nuevo corte de pelo o un nuevo estilo de ropa. También debes tener conciencia de que esta luna representa los sentimientos, y mientras pasa a través de esta «puerta delantera» de tu carta (ya que eso es precisamente la primera casa), podrías tener las emociones a flor de piel y estar más sensible de lo habitual.

Y eso es muy positivo: todos tenemos que hacernos cargo de nuestros sentimientos de vez en cuando, y cuando la luna ocupa la primera casa, nos ofrece la mejor oportunidad para hacerlo. También debes tener en cuenta que la luna exacerba tu signo ascendente cuando se encuentra en esta casa. De modo que si tu signo ascendente se caracteriza por ser muy extrovertido, como por ejemplo Aries o Leo, a lo largo del día podrías ser mucho más sociable de lo normal. A las personas más tímidas, como pueden ser las que pertenecen a los signos de Virgo y Cáncer, por el contrario probablemente les apetezca mantener un perfil más bajo.

La luna diaria en tu segunda casa

A lo largo de este día pueden surgir pensamientos o sentimientos relacionados con el dinero. El dinero en efectivo, las propiedades y las posesiones son los temas de la carta lunar que conviene analizar en esta fase. Si te ves obligado a afrontar algún asunto de este orden, debes tener cuidado para que las emociones no te desborden y así poder sacar lo mejor de ti. Si tienes la sensación de estar un poco confundido en relación con tu economía, sé sincero contigo mismo y trata de pensar de dónde nace esa sensación.

¿Hay algo que puedas hacer para sentirte mejor con respecto a tu liquidez, como por ejemplo gastar menos, ahorrar más, consultar con un asesor financiero o hablar con tu gestor personal en el banco? Cuando la luna diaria se encuentra en la segunda casa, también pueden salir a la luz asuntos vinculados con la autoestima. Lo mejor para ti es hacer las paces con tu propia magnificencia mientras sigues viviendo con valentía.

La luna diaria en tu tercera casa

Espero que te gusten las conversaciones profundas en las que imperan los sentimientos, porque eso es lo que probablemente llegará a tu vida el día en que la luna se desplace a través de la tercera casa, que representa las comunicaciones. También es un día bastante ajetreado, con muchos recados por hacer y muchas personas que ver. Debes estar preparado para interactuar de verdad con los demás.

En un día como este habrá muchas personas a tu alrededor que estarán deseosas de desahogar su corazón contigo, o tal vez seas tú el que necesite hacerlo. La relación con tus hermanos y con tus vecinos también puede manifestarse a lo largo del día. En algunas ocasiones esto se relacionará aparentemente con factores sin importancia, pero cuando la luna llegue a esta casa también puede ayudarte a resolver algún conflicto si eso es lo que necesitas. Limítate a mantener la calma mientras hablas desde el corazón. Este también es un día propicio para escribir una carta o un correo electrónico en donde manifiestes tus sentimientos.

La luna diaria en tu cuarta casa

Si puedes pasar el día en casa, te recomiendo que lo hagas. Cuando la luna se encuentra en esta parte de tu carta astrológica (que está en la zona inferior del círculo zodiacal y ligeramente escondida en un sitio muy privado), está muy vinculada con el hogar. En consecuencia, puede ser muy positivo estar solo en casa. Pero también puede ser muy bueno encontrarse con los amigos y la familia, preferiblemente en tu propia casa.

La energía primordial del día de hoy está asociada al hogar y la familia, a los asuntos domésticos y a realizar actividades relacionadas con la casa. Por ejemplo, podrías dedicarte a cocinar, ya que esto significa alimentar a otras personas y ocuparte de la nutrición propia y ajena. La energía de la cuarta casa se refiere también a observar tus progresos. Es una energía que fomenta la introspección.

La luna diaria en tu quinta casa

Es hora de quitarte de encima la melancolía y volver a la sociedad. La luna se está desplazando a través de tu quinta casa, y esta es parte de tu carta natal donde se manifiesta de qué manera te gusta divertirte: organizar fiestas o asistir a ellas, salir de vacaciones, dedicarte a tus *hobbies* y en general cualquier actividad que te haga disfrutar. Si puedes, sal con tus amigos o dedícate a hacer algo un poco escandaloso. El orden del día debería ser pasártelo bien.

Este es un momento ideal para salir con tus hijos, si los tienes, o con los hijos de otras personas. Los niños saben cómo entretenerse de una forma que los adultos parecemos haber olvidado. Conectarse con los niños es una de las mejores maneras de aprovechar al máximo la energía de la luna cuando se encuentra en tu quinta casa. También lo es hacer algo creativo y cualquier otra actividad que te mantenga en movimiento. Además es una luna magnífica para el amor, de modo que si estás en pareja o hay alguna persona que esté a punto de entrar en tu vida, ¡conéctate con ella! Invítala a salir o acepta su invitación para ir a cenar. Entrégate a esos sentimientos amorosos.

La luna diaria en tu sexta casa

La sexta casa es la parte de tu carta astrológica en la que te preocupas menos por lo que otras personas pueden hacer por ti y te concentras más en lo que tú puedes hacer por ellas. ¿Qué tipo de servicio puedes ofrecer? ¿Qué es lo que necesitan los demás y cómo puedes ayudarlos a conseguirlo? Incluso en el caso de que pienses en ti la mayor parte del tiempo, cuando la luna llega a este punto de tu carta natal, tienes la oportunidad de crear un buen karma haciendo lo que te corresponde sin detenerte a pensar en cómo te devolverán el favor.

Este es un momento magnífico para pensar en tu salud. Si te has apartado del buen camino, aprovecha el tiempo que la luna pasa en esta parte de tu carta astral para retomar un estilo de vida sano. Esta luna respaldará tu decisión. Es probable que sea un tiempo muy productivo durante el cual puedes concluir muchas cosas que tienes entre manos, de modo que no te dediques a holgazanear. También es un gran día para ordenar todos tus asuntos.

La luna diaria en tu séptima casa

El amor y el romanticismo (¡y también los enemigos!) ocupan el centro de la atención los días en que la luna diaria se encuentra en tu séptima casa. Es hora de conectarte con personas importantes, de una en una. Habla con ellas, descubre qué es lo que quieren, quiénes son en realidad, y muéstrales tu verdadero ser.

Cuando la luna está en esta casa, gobierna las relaciones, incluidas las relaciones amorosas. Por lo tanto, si estás casado o en pareja, la luna puede sacar a relucir un problema que requiere que las dos partes se calmen y se detengan a mirarse mutuamente (algo que es muy fácil evitar en este mundo tan ajetreado).

Siente el amor, si aún está vivo en la relación. Si estás soltero, es un gran día para comprometerte mentalmente con alguien que ya conoces y formar una nueva pareja, o para conocer a alguien. La séptima casa también representa las asociaciones comerciales. Es un día muy favorable para fortalecer las relaciones profesionales.

La luna diaria en tu octava casa

Si quieres programar un tiempo para tener sexo con tu pareja, la ocasión ideal es el día en el que la luna se encuentra en tu octava casa o en la octava casa de tu pareja. Está claro que esto significaría que únicamente tendrías sexo dos veces al mes como mucho, pero si estás en un período en el que necesitas planificarlo, dos veces al mes es mejor que nada, ¿no es verdad? La octava casa es un sitio misterioso y el sexo concuerda muy bien con ella.

Cuando la luna atraviesa tu octava casa, es muy probable que os haga sentir más unidos; como consecuencia, eso significa que esta luna fomenta una relación más profunda. ¿Acaso no te parece factible? Esta parte de tu carta natal se relaciona también con una economía compartida. En otras palabras, allí donde tu dinero se combina con el de otra persona, como sucede por ejemplo con un salario, un préstamo o una deuda. Los conflictos relacionados con estos elementos pueden salir a la superficie a lo largo del día. Sugerencia importante: mantén la calma y afronta el problema. También es un buen día para hacer un profundo trabajo interior contigo mismo.

La luna diaria en tu novena casa

Cuando la luna se desplaza a lo largo de esta parte de tu carta astral, tienes la oportunidad de escapar, alejarte de todo e incluso soñar con otra vida. La luna en esta casa te recuerda que allí fuera hay un panorama más amplio. De hecho, hay un mundo extenso, y si no puedes dirigirte a él por tus propios pasos, al menos puedes encontrar diversas formas de que él venga a ti.

Algunas de esas formas podrían ser hablar con un amigo que ha viajado mucho, salir a cenar a un restaurante étnico o viajar desde el sofá mirando un documental de un país exótico. La idea ahora es ampliar tus horizontes y ver el mundo que hay más allá de tu ventana. La novena casa también gobierna los asuntos legales; en un día como este estos asuntos pueden llegar a salir a la luz o incluso resolverse. Amplía tu perspectiva del mundo. Para algunos eso significa viajar o estudiar.

La luna diaria en tu décima casa

¿Cuáles son tus ambiciones? ¿Qué es lo que puedes conseguir ahora mismo y qué es lo que esperas conseguir en el futuro? Reflexiona sobre qué es lo que sientes en relación con tu brillante carrera mientras la luna atraviesa tu décima casa. Si tu vida profesional es satisfactoria, en este período puede mejorar todavía más.

Incluso podrías recibir algún tipo de reconocimiento. Si tu vida profesional no está funcionando demasiado bien en este momento, la luna en tu décima casa probablemente saque a la luz problemas y emociones que tendrás que afrontar si quieres vivir conscientemente y trabajar para materializar tus sueños. También es un tiempo en el que quizás debas enfrentarte a figuras de autoridad. Tal vez esa figura «superior» seas tú; en este caso, ¡sé amable! Algunas veces lo que sale a la superficie es la oportunidad de dejar una marca en el mundo o al menos una pista sobre cómo hacerlo. Presta mucha atención.

La luna diaria en tu undécima casa

Ha llegado el momento de salir con las personas con las que mejor te entiendes. Cuando la luna se desplaza a través de tu undécima casa, tus amigos y también cualquier grupo al que pertenezcas (redes sociales, clubes deportivos, clases de yoga y demás) ocupan el centro de la atención. En este período tu mayor potencial de crecimiento se encuentra en el seno de un grupo. Debes asegurarte de dar a los demás lo mismo que recibes.

También es un tiempo durante el cual disfrutarás más de tus relaciones sociales. Y lo más importante, tendrás oportunidad de ofrecer algo más al grupo. Si en este momento necesitas apoyo emocional, es muy probable que consigas tenerlo cuando la luna se encuentre en esta casa. Puede suceder que en particular algunas mujeres comiencen a rondarte. Y tus sueños y deseos también pueden estar en un primer plano. ¿Todavía sigues queriendo lo que solías querer? ¿Y cómo vas a conseguirlo?

La luna diaria en tu duodécima casa

Este es un momento ideal para retirarte del mundo, si estás en condiciones de hacerlo. La luna se ha desplazado a la parte más profunda y privada de tu carta astrológica, y es muy probable que sientas el deseo de estar un tiempo a solas. ¡Haz todo lo que esté a tu alcance para conseguirlo! Te lo mereces, es indudable que te lo has ganado y te sentirás mucho mejor cuando lo hagas. Cuando la luna activa esta parte de tu carta natal, algunas veces el día trae una intriga que se manifiesta como algún tipo de secreto o alguna otra cosa «oculta».

Debes ser consciente de que lo que está oculto podría salir a la luz cuando la luna atraviese tu signo ascendente en los próximos días. La luna en tu duodécima casa es el momento perfecto para volver a pensar en el último mes y reflexionar sobre tus patrones y acciones inconscientes. ¿Hay algo que te gustaría cambiar en el próximo ciclo que estás a punto de inaugurar?

Resumen

Ahora ya tienes la información que necesitas para trabajar con la luna diaria. En esta sección has aprendido que:

- Igual que sucede con las lunas nueva y llena, la luna diaria tiene un determinado «sabor», dependiendo del signo en el que se encuentre.
- El signo en el que se encuentra la luna diaria otorga una cualidad particular a las energías de ese día.
- La casa en la que se encuentra la luna diaria influye en el efecto que la luna ejerce sobre ti.

Y para finalizar, a continuación incluyo algunas respuestas para preguntas que me formulan con frecuencia.

Preguntas frecuentes sobre la luna diaria

▶ *¿Puedo aplicar los «extras cósmicos» a la luna diaria?*

Sí, claro que puedes hacerlo. Y, de hecho, es muy recomendable. La idea es que debes identificar cuál de los chakras se activa durante la luna diaria (la casa de tu carta astrológica en la que se encuentra la luna) y concentrarte en él durante tu meditación diaria, utilizar el mantra que está asociado a esa casa, y así sucesivamente. Es maravilloso hacer esto cada día. Si lo haces durante un mes, comenzarás a sentir efectos muy potentes y positivos. Lee el apéndice C, en la página 261, para conocer más información sobre los extras cósmicos que aparecen en el capítulo cinco.

▶ *¿Hay alguna luna diaria que sea especialmente favorable para el amor?*

Presumiblemente, la luna en Libra es especialmente buena para el amor, ya que Libra es el signo de las relaciones. No obstante, el mejor modo de saber cuáles son tus «días propicios para el amor» es tomar nota del momento en que la luna está activando tu séptima casa, es decir, la que gobierna tu zona del amor. Lo primero que debes saber es cuál es tu signo ascendente; puedes encontrar esta información en www. moonologybook.com/freechart.

Cuando ya conozcas tu signo ascendente, debes saber cuál es el signo que gobierna tu zona del amor (ver la tabla siguiente). La luna activa tu zona del amor cuando se encuentra en ese signo, y ese será un día potencialmente positivo para el amor o en el que saldrán a la luz sentimientos asociados a relaciones importantes que deberás afrontar.

¿QUÉ SIGNO GOBIERNA TU SÉPTIMA CASA, TAMBIÉN CONOCIDA COMO TU ZONA DEL AMOR?			
♈	Aries o ascendente Aries	♎	Libra
♉	Tauro o ascendente Tauro	♏	Escorpio
♊	Géminis o ascendente Géminis	♐	Sagitario
♋	Cáncer o ascendente Cáncer	♑	Capricornio
♌	Leo o ascendente Leo	♒	Acuario
♍	Virgo o ascendente Virgo	♓	Piscis
♎	Libra o ascendente Libra	♈	Aries
♏	Escorpio o ascendente Escorpio	♉	Tauro
♐	Sagitario o ascendente Sagitario	♊	Géminis
♑	Capricornio o ascendente Capricornio	♋	Cáncer
♒	Acuario o ascendente Acuario	♌	Leo
♓	Piscis o ascendente Piscis	♍	Virgo

▶ *¿Tiene importancia el signo en el que se encuentra la luna diaria el día de mi cumpleaños?*

Sí, siempre que los astrólogos elaboren tu carta natal para el año que tienes por delante en el día de tu cumpleaños. Eso se conoce como la carta del retorno solar. El signo en el que se encuentra la luna diaria en esa carta, es decir, el signo en el que cae el día de tu cumpleaños, es el signo lunar, que tendrá mucha influencia sobre ti a lo largo de los doce meses siguientes a tu cumpleaños. Presta atención a este dato y luego toma nota del momento en que la luna llega a ese signo. ¿Cómo te sientes? Esos días podrían ser más emocionales para ti, pero también podrían ser jornadas en las que afloren sentimientos amorosos.

▶ *¿Y qué sucede cuando la luna diaria está en mi signo?*

Eso significa que estás recibiendo o vas a recibir, al cabo de un poco más de dos días, tu luna nueva personal. La luna tarda un mes en recorrer tu carta astral atravesando todos los signos. Si eres Virgo, es decir, si tu sol está en Virgo, cuando la luna esté en este signo pasará por el punto donde se encontraba el sol cuando tú naciste. Junta la luna y el sol en el mismo sitio y en el mismo momento, y obtendrás una luna nueva. En este caso es una luna nueva personal formada por la luna del cielo y tu sol personal. Es un tiempo de renovación, ¡aunque también puede ser un momento de conflicto emocional para ti!

Conclusión

Ya cuentas prácticamente con todo lo que necesitas saber sobre la luna para convertirte en un lunólogo. Ahora tal vez comprendas por qué, o para qué, existe ese objeto de apariencia asombrosa que luce en el cielo.

La luna siempre ha sido un misterio. No obstante, si dedicas parte de tu tiempo a trabajar con los ciclos lunares, una cosa es segura: *tu vida cambiará*. Lo dije al principio de este libro, lo he comprobado en mi propia vida y también me lo han comunicado innumerables lectores a lo largo de los años.

Por consiguiente, la idea principal al trabajar con la luna es que tengas totalmente claro cuáles son tus deseos y apuntarlos, pronunciarlos en voz alta, dibujarlos o garabatearlos durante el tiempo de la luna nueva. Y luego utilizar la luna llena para vaciarte de cualquier conflicto o malestar y volver a llenarte de gratitud por todas las cosas positivas que hay en tu vida.

Además, todos los meses dedica un momento a comprobar en qué signo se encuentran la luna nueva y la luna llena, y a continuación consulta las guías que se incluyen en el libro para saber cómo las puedes utilizar de la mejor manera posible. Y también toma nota de en qué casa de tu carta natal se encuentran la luna nueva o la luna llena.

Si tienes algún asunto importante entre manos, comprueba en qué sitio está o estará la luna. Si trabajas con ella, la vida fluirá más suavemente. De manera que ¡sintonízate con la luna!

Apéndice A

Las cuatro técnicas de predicción más avanzadas

L a siguiente información va dirigida a los lectores que son estudiantes de astrología o que no tienen miedo de probar cosas nuevas.

1. PLANIFICA EL AÑO QUE TIENES POR DELANTE

Es fácil y divertido planificar el año que tienes por delante y elaborar un gráfico que sea rápido de consultar con las posiciones que ocuparán la luna nueva y la luna llena en los próximos doce meses. Si todavía no sabes cuál es tu signo ascendente, puedes averiguarlo en www.moonologybook.com/risingsign.

Para crear el gráfico, solo tienes que escribir en la posición de las nueve de la mañana tu signo ascendente en la casa que comienza y continuar con todos los signos en el orden regular (ver la lista de signos en el apéndice B) en la dirección contraria a las agujas del reloj.

Ahora visita mi página web (www.moonologybook.com/moondates) y marca dónde se encontrarán las lunas nuevas en los próximos doce meses. Comienza con la próxima luna nueva y luego continúa a partir de ahí. Para comprobar si lo estás haciendo correctamente, deberías volver otra vez a las nueve de la mañana en el momento en que apuntas la luna nueva en el signo que coincide con tu signo ascendente. También tienes que verificar que no haya dos lunas nuevas en un mismo mes.

Luego consulta las páginas 110 y siguientes para saber qué significa personalmente para ti que la luna nueva ocupe cada una de las casas.

A continuación encontrarás una tabla para la luna nueva en blanco para que lo rellenes aquí en el libro. También puedes fotocopiarla o descargarla de www.moonologybook.com/Houseschart (en inglés).

	Signo de la luna nueva	Fecha	En qué deberías centrar tu atención
1			Imagen, apariencia, el Ser.
2			Dinero en efectivo, propiedades, posesiones, autoestima, valores.
3			Comunicación, hermanos, vecinos.
4			Hogar y familia.
5			Romanticismo, niños, creatividad, amoríos.
6			Rutinas, servicio, trabajo cotidiano, obligaciones.
7			Amor, contactos influyentes, asociaciones, relaciones.
8			Sexo, dinero, recursos conjuntos, deudas.
9			Viajes, religión, estudios superiores, aprendizaje, la «visión global».
10			Carrera, ambiciones, logros, estatus social.
11			Amigos, redes sociales, deseos.
12			Realización espiritual, autosabotaje, miedos, autosacrificio.

La siguiente tabla es un ejemplo de una agenda completa de la luna nueva para 2017-2018 para alguien que tiene como ascendente el signo de Tauro y su lugar de nacimiento es Londres. Nota para los astrólogos: he utilizado las casas completas del signo.

		Signo de la luna nueva	Fecha	En qué deberías centrar tu atención
1	♉	Tauro	26-4-2017	Imagen, apariencia, el Ser.
2	♊	Géminis	17-5-2017	Dinero en efectivo, propiedades, posesiones, autoestima, valores.
3	♋	Cáncer	24-6-2017	Comunicación, hermanos, vecinos.
4	♌	Leo	23-7-2017 y 21-8-2017	Hogar y familia.
5	♍	Virgo	20-9-2017	Romanticismo, niños, creatividad, amoríos.
6	♎	Libra	19-10-2017	Rutinas, servicio, trabajo cotidiano, obligaciones.
7	♏	Escorpio	18-11-2017	Amor, contactos influyentes, asociaciones, relaciones.
8	♐	Sagitario	18-12-2017	Sexo, dinero, recursos conjuntos, deudas.
9	♑	Capricornio	17-1-2018	Viajes, religión, estudios superiores, aprendizaje, la «visión global».
10	♒	Acuario	15-2-2018	Carrera, ambiciones, logros, estatus social.
11	♓	Piscis	17-3-2018	Amigos, redes sociales, deseos.
12	♈	Aries	16-4-2018	Realización espiritual, autosabotaje, miedos, autosacrificio.

2. PREDICE EL MES QUE TIENES POR DELANTE CON TU RETORNO LUNAR

Vale la pena investigar una técnica muy simple conocida como retorno lunar si quieres ampliar tus conocimientos. Una tabla de retorno lunar te dará una instantánea de lo que ha de suceder a lo largo del próximo mes. Se elabora para el momento en que se produce el retorno mensual de la luna hasta la posición donde se encontraba el día en que naciste. Puedes consultar la tabla del retorno lunar de manera independiente y también compararla con tu propia carta natal.

Todos los elementos de la tabla son importantes: el ascendente, los planetas que gobiernan el signo ascendente, la luna, la casa en la que se encuentra la luna y el inicio del elemento que gobierna la casa en la que está la luna. Para crear una tabla de retorno lunar necesitas un *software* avanzado, como puede ser *Solar Fire*, aunque también puedes probar www.astro.com.

3. PLANETAS Y GRADOS

Si ya conoces los grados donde se ubican tus planetas, podrías estar interesado en saber qué significa que la luna nueva o la luna llena se encuentren en un planeta determinado. Por ejemplo, si la luna nueva está a 27° de Cáncer y tu Venus se encuentra alrededor de los 27° de Cáncer, definitivamente eso quiere decir algo.

Por regla general, si se trata de una luna nueva, eso significa que se producirá un nuevo comienzo relacionado con el planeta que está involucrado. Por ejemplo, una luna nueva en tu Venus sugeriría inicios asociados a cuestiones gobernadas por Venus, tales como el dinero y la abundancia. Quizás quieras mirar en qué casa se encuentra Venus y también cuáles son las casas que este planeta gobierna en tu propia carta astral. Cuando la luna llena se encuentre en uno de tus planetas, debes esperar que se produzca una especie de clímax o un forcejeo.

4. LOS NODOS LUNARES

Los nodos lunares son los puntos donde la órbita de la luna se cruza con la eclíptica, una línea imaginaria en el cielo que señala el recorrido anual del sol. Los nodos lunares son predictores maravillosos que podremos utilizar en cualquier momento que los necesitemos. Encontrarás la felicidad y la satisfacción en cualquiera de las casas donde se encuentre el nodo norte. Y es posible que te sientas tentado, o incluso compelido, a permanecer en cualquier casa donde se sitúe el nodo sur; sin embargo, debes trabajar contigo mismo para apartarte de la casa del nodo sur y dirigirte hacia la casa donde se encuentra el nodo norte. Y podrás hacerlo observando tus propios patrones de conducta.

Cuando tienes...

▶ **El nodo norte en la primera casa/el nodo sur en la séptima casa:** quizás estés obsesionado con la idea de tener una relación amorosa, aunque en realidad serías más feliz siendo independiente.

▶ **El nodo norte en la segunda casa/el nodo sur en la octava casa:** es probable que puedas sentirte tentado de involucrarte en todo tipo de temas oscuros y profundos, y en actividades tabú; sin embargo, te sentirás más satisfecho siendo realista y resolviendo tus asuntos económicos.

▶ **El nodo norte en la tercera casa/el nodo sur en la novena casa:** tal vez disfrutes del sonido de tu propia voz y de tus conversaciones internas, pero te sentirás más a gusto manteniendo comunicaciones reales con otras personas.

▶ **El nodo norte en la cuarta casa/el nodo sur en la décima casa:** tu profesión puede estar seduciéndote y haciéndote sentir que es lo más importante del mundo, pero lo que te brindará realmente la felicidad será el hogar y la familia.

▶ **El nodo norte en la quinta casa/el nodo sur en la undécima casa:** acaso estés obsesionado con tus amigos y con la idea de libertad, pero lo que de verdad te hará sentir dichoso es expresarte a través de una actividad creativa.

▶ **El nodo norte en la sexta casa/el nodo sur en la duodécima casa:** la idea de escapar de tu propia vida puede ser un sueño maravilloso; sin embargo, ponerte a trabajar y hacer lo que tienes que hacer es lo que ciertamente te hará sentir satisfecho.

▶ **El nodo norte en la séptima casa/el nodo sur en la primera casa:** en este momento tener una relación amorosa podría beneficiarte mucho. Sí, probablemente eso te serviría de motivación; no obstante, debes considerar las oportunidades para desarrollar tu carácter.

▶ **El nodo norte en la octava casa/el nodo sur en la segunda casa:** pese a que puedas observar que tiendes a preocuparte por tu situación económica, lo que en realidad necesitas ahora es sencillamente un poco de sexo apasionado a la antigua usanza.

▶ **El nodo norte en la novena casa/el nodo sur en la tercera casa:** en este momento mantener una conversación desenfadada y alegre o una charla trivial podría parecer una opción fácil, pero lo único que te liberará será la verdad.

▶ **El nodo norte en la décima casa/el nodo sur en la cuarta casa:** «lo primero es la familia» puede ser un lema maravilloso, excepto en este momento porque precisamente ahora tienes el respaldo cósmico para entregarte a tu carrera si quieres sentirte satisfecho.

▶ **El nodo norte en la undécima casa/el nodo sur en la quinta casa:** ¿conoces a una persona con la que estás obsesionado y lo único que quieres es conseguir que sea tu pareja? Sería mucho mejor que fuerais simplemente amigos.

▶ **El nodo norte en la duodécima casa/el nodo sur en la sexta casa:** intentar que tu vida funcione como un reloj puede parecer algo vital; sin embargo, lo que de verdad importa es tener paz interior.

NODOS LUNARES 2017–2026

Lo que viene a continuación corresponde a la franja horaria del Reino Unido (puede haber una variación de un día para las demás partes del mundo).

FECHA	NODO LUNAR
9 mayo 2017	El nodo norte se desplaza hacia Leo y el nodo sur hacia Acuario.
6 noviembre 2018	El nodo norte se desplaza hacia Cáncer y el nodo sur hacia Capricornio.
5 mayo 2020	El nodo norte se desplaza hacia Géminis y el nodo sur hacia Sagitario.
18 enero 2022	El nodo norte se desplaza hacia Tauro y el nodo sur hacia Escorpio.
17 julio 2023	El nodo norte se desplaza hacia Aries y el nodo sur hacia Libra.
12 enero 2025	El nodo norte se desplaza hacia Piscis y el nodo sur hacia Virgo.
27 julio 2026	El nodo norte se desplaza hacia Acuario y el nodo sur hacia Leo.

Guía de referencia rápida para las casas y los signos

LAS DOCE CASAS Y LO QUE REPRESENTAN

A continuación encontrarás una lista de palabras clave para cada una de las doce casas; cada casa abarca un aspecto de tu vida.

1.ª casa	Esta casa gobierna la forma en que te relacionas con los demás, tu imagen y cómo te ven los demás.
2.ª casa	Esta casa gobierna la propiedad y las posesiones. También representa tu autoestima y tus valores.
3.ª casa	En esta casa se encuentran tus habilidades para la comunicación. También representa los viajes cortos, los hermanos y los vecinos.
4.ª casa	Esta parte de tu carta se refiere al hogar y la familia y a todo lo que eso implica, tu vida privada.
5.ª casa	Esta parte de tu carta se relaciona con el amor romántico, la creatividad y los hijos (los propios y los ajenos).

6.ª casa	Esta casa gobierna el cuerpo, la mente, el bienestar, el trabajo diario y las rutinas asociadas a la salud.
7.ª casa	Esta casa representa al matrimonio, al ser amado, a tu ex, a las personas a quienes consideras enemigas, al compromiso y a los contactos influyentes.
8.ª casa	Esta casa se refiere a todo lo que sea «tabú», como pueden ser el sexo, la muerte y los impuestos. Y también se refiere al dinero de otras personas y a operaciones financieras o negocios conjuntos.
9.ª casa	En esta casa ves la perspectiva general de las cosas, amplías tus horizontes, estudias y viajas. Y te enfrentas con la Gran Búsqueda Cósmica.
10.ª casa	Esta casa gobierna las ambiciones, los objetivos profesionales y vitales. También significa por qué cosas te «conocen» en tu vida profesional.
11.ª casa	Esta es la casa de las esperanzas y los deseos; representa a los amigos, las relaciones y los círculos sociales.
12.ª casa	Esta es la parte más profunda y sensible de tu carta; se relaciona con los miedos y la espiritualidad: todo aquello que está oculto.

LOS DOCE SIGNOS Y LO QUE REPRESENTAN

Si todavía no estás plenamente familiarizado con los temas y cualidades principales de cada uno de los signos del Zodíaco, a continuación encontrarás una lista básica de ellos. La luna nueva, y también la luna diaria, la luna llena y la luna en cuarto creciente o menguante, activan los siguientes temas al pasar por los doce signos del Zodíaco.

♈	Aries	Inicios, valentía, audacia, espontaneidad.
♉	Tauro	Sensualidad, conexión a tierra, sentido práctico.

♊	**Géminis**	Comunicaciones, viajes, vecinos, hermanos.
♋	**Cáncer**	Hogar y familia, vida doméstica, intimidad.
♌	**Leo**	Diversión, creatividad, hijos (propios o ajenos), amoríos.
♍	**Virgo**	Servicio a los demás, obligaciones, actividades de la vida cotidiana, bienestar, animales pequeños.
♎	**Libra**	Tú, personas que son importantes para ti, tus seres queridos, contactos influyentes, enemigos, equilibrio, armonía, matrimonio, relaciones.
♏	**Escorpio**	Sexo, muerte, cualquier cosa que sea tabú, celos, renacimiento, impuestos, dinero que pertenece a otras personas.
♐	**Sagitario**	Viajes, estudios, libertad, la Gran Búsqueda Cósmica, religión, estudios superiores.
♑	**Capricornio**	Trabajo, ambición, carrera; dónde quieres dejar tu marca.
♒	**Acuario**	Amigos, redes sociales, grupos, lo que deseas, esperanzas y sueños.
♓	**Piscis**	La parte más profunda, delicada y oscura de tu psique; espiritualidad, miedos, instituciones.

Si te interesa ver una representación visual de las casas que puede resultar muy útil, puedes visitar www.moonologybook.com/Houses.

Apéndice C

Extras cósmicos

A continuación incluyo información sobre los extras cósmicos mencionados en la guía para la luna nueva para cada una de las casas que presento en el capítulo cinco (ver las páginas 107 y siguientes).

La idea es ayudarte a realizar un trabajo más práctico con la lunología si no deseas limitarte a los aspectos más básicos. He utilizado las casas y los chakras como una guía para presentar los aceites esenciales, los mantras y otros elementos que puedes usar para estar cada vez más en sintonía con las lunas nuevas. También puedes emplearlos durante la luna llena o la luna diaria. A continuación describo rápidamente diversos extras cósmicos y te explico cómo puedes utilizarlos.

ACEITES ESENCIALES

Suelo recomendar el uso de determinados aceites esenciales en cada luna nueva porque se pueden emplear de forma muy práctica en medio de toda esta información bastante esotérica. Si te apetece utilizar un aceite esencial en particular aunque realmente no sabes cuál es la razón, eso significa que tu alma o tu ser superior lo necesitan para ayudarte a trabajar en cualquier área de tu personalidad que esté en evolución. Debes estar atento a tus necesidades en todo momento. Ten en cuenta que los aceites esenciales mencionados han sido elegidos porque sirven de ayuda para resolver los asuntos que con toda probabilidad surgirán cuando se active una casa. Debes diluirlos en otro aceite que se denomina portador, antes de utilizarlos sobre tu cuerpo o en el baño.

LA ENERGÍA NUMEROLÓGICA DE LA LUNA NUEVA

En la guía he incluido el número de la casa simplemente para que puedas trabajar con los números del 1-12/3. A diferencia de lo que sucede en la numerología regular, no existe ningún significado *per se* para estos números. Te animo a que tengas en cuenta tu número del mes y que observes cómo y cuándo se manifiesta para ti, especialmente en patrones repetitivos. Esa es una señal que indica que hay que prestar atención a lo que está sucediendo, vivir conscientemente, analizar tus razones y pensar qué dirección está tomando el tema principal que se manifiesta en ese momento.

CHAKRAS

Los chakras son los centros energéticos del cuerpo. Habitualmente son invisibles, pero con la práctica es posible verlos o sentirlos. Los chakras son una conexión energética entre nuestra vida y nuestro cuerpo aquí en la Tierra y el cosmos. Es importante prestarles atención, independientemente de que lo hagas durante tu meditación diaria (encontrarás muchas meditaciones para armonizar los chakras en YouTube) o que trabajes con ellos mediante los cánticos y las visualizaciones recomendados en este libro. Cuando los chakras están equilibrados, gozamos de buena salud. Una vida poco sana, pasar demasiado tiempo en el interior o frente a una pantalla, la contaminación, las drogas y el alcohol, son solo algunos de los factores que pueden representar un obstáculo para que nuestros chakras giren adecuadamente.

Para mejorar la salud de los chakras, concéntrate en el que corresponda a cada mes durante tus meditaciones; visualiza cómo gira e imagina el color que se describe en la guía. He incluido dos tipos de chakras: los de la tercera dimensión (3D) y los de la quinta dimensión (5D).

▶ Chakras 3D

Hay siete chakras 3D principales y doce signos, de manera que naturalmente tiene que haber alguna repetición. Existen muchos métodos diferentes para crear una correspondencia entre los chakras y tu carta natal, y lo he pasado muy mal pensando cuál de ellos iba a utilizar. Algunos expertos adjudican el chakra del sacro al sol, y el chakra del plexo solar a Marte. Otros lo hacen a la inversa. Yo he decidido adjudicar el chakra del sacro a Marte debido a su asociación con la sexualidad, y el del plexo solar al sol porque, bueno, es el plexo solar, ¿verdad?

Creo que lo más importante es prestar atención a uno u otro chakra a medida que la luna se desplaza a través de las doce casas, de manera que al cabo de los doce meses habremos trabajado con todos ellos (con algunos incluso dos veces). No obstante, si eso no te parece bien, también puedes utilizarlos de la manera inversa. Como suelo decir, lo principal es trabajar con todos los chakras y todas las casas.

▶ Chakras 5D

Todos aquellos que deseen trabajar con los chakras 5D deben seguir leyendo. Estos chakras son la evolución de los chakras 3D. A medida que aumentamos nuestra frecuencia a la quinta dimensión a través de la meditación, la oración y la vida consciente, activamos estos chakras superiores, que pueden fortalecer nuestra conexión con la Fuente. No están especialmente vinculados a cada casa en particular, pero hay doce que se usan más comúnmente. Esto significa que podemos trabajar con todos ellos, uno tras otro, durante un período de doce meses si prestamos atención a la luna nueva cada mes.

Algunas veces los chakras 3D y 5D son los mismos, pero esto no ocurre en todos los casos. Lo único que debes hacer es comprobar una vez al mes con cuál chakra debes trabajar dependiendo de la luna nueva. Para trabajar con cada chakra, debes utilizar el ojo de tu mente para observar cómo gira fluidamente y visualizar su color. Si no ves el color «correcto», imagina que estás añadiéndole el color que le corresponde. Por ejemplo, podrías verter tonos naranjas en el chakra del sacro o agregar un líquido verde, hierba verde o incluso esmeraldas en el chakra del corazón. Solo tienes que visualizarlo con el ojo de tu mente. ¡Es una práctica realmente importante y te aseguro que funciona!

MANTRAS

Los mantras que aparecen en la guía de la luna nueva (y también en la guía para la luna llena en cada una de las casas) se basan en sus asociaciones planetarias con las casas de la rueda del horóscopo. La práctica de cantar los mantras favorece que los chakras asociados a ellos se armonicen y equilibren. Esto eleva tus vibraciones. Cuanto más alta sea tu vibración, mejor fluirá tu vida. Los mantras son uno de los elementos más potentes de los extras cósmicos. Las palabras pueden parecer extrañas pero son muy conocidas, son sonidos sagrados sánscritos que se han utilizado a través de los tiempos.

LAS DIOSAS QUE NOS GUÍAN

Las diosas son fuerzas energéticas femeninas divinas que residen en una dimensión superior a la nuestra. Como he explicado en la primera parte, la luna está estrechamente vinculada con la energía arquetípica de las diosas, de manera que quizás te apetezca utilizar la luna nueva de cada mes para conectar con una diosa diferente. Las diosas que he elegido encarnan la casa que es activada para ti en la luna nueva. Llegar a conocer a las diosas puede ser una experiencia muy enriquecedora. Para hacerlo, pronuncia sus nombres en voz alta, tal como ya te enseñé al presentar la guía, y te animo a que hagas una búsqueda en Internet para ver qué es lo que encuentras.

LOS ARCÁNGELES QUE NOS GUÍAN

Los arcángeles son conocidos por ser los mensajeros de Dios o de la Diosa. El arcángel que te corresponde en cada mes depende de cuál de las casas sea activada por la luna nueva, aunque también puedes comunicarte con cualquiera de los arcángeles en cualquier momento que lo necesites. Una buena apuesta es elegir al arcángel cuyo nombre o energía te resuenen más.

No obstante, si decides seguir el trayecto de las lunas nuevas a lo largo de tu carta natal, al cabo de un año te habrás conectado con los quince arcángeles principales. ¡Y esto es algo muy positivo! Los arcángeles citados en el capítulo cinco coinciden con los de Doreen Virtue, y ya he hablado de ellos en *Ángeles y astrología 101*. Sin embargo, en lugar de alinear los arcángeles con los signos, aquí están alineados con las casas correspondientes.

LAS DOCE LEYES UNIVERSALES

Existen doce leyes universales que gobiernan la vida sobre la Tierra y se dice que son conocidas desde el inicio de los tiempos. Conocer estas leyes favorecerá que tu vida funcione mucho mejor y podrás hacer realidad todo aquello que desees. Es como si nos hubieran dado las llaves del funcionamiento del Universo.

Ten en cuenta que las doce leyes universales de la guía tienen lugar en el orden en el que se presentan en los manuscritos antiguos y modernos. No se han elegido para corresponder particularmente a la casa que está siendo activada. Mi objetivo es que puedas llegar a trabajar con todas ellas, una por una, durante un período de doce meses. Solo tienes que leer la sección correspondiente a las leyes universales de la guía todos los meses y reflexionar sobre las ideas expuestas.

LOS DOCE RAYOS CELESTIALES

Estos son, con diferencia, los conceptos más esotéricos de este libro. Los doce rayos celestiales tienen una vibración extremadamente alta; se dice que solo podemos comprender los rayos y sus dones cuando pensamos en ellos con nuestra mente superior. Los rayos son luces hechas de bandas de frecuencia de energía eléctrica que irradian de la Fuente o del Creador. Un primer paso para trabajar con los doce rayos es aprender sus colores y su significado, y meditar en ellos.

Se dice que si nos disponemos mentalmente a trabajar con los rayos, un día cualquiera su significado de pronto comenzará a cobrar sentido. Mientras tanto, la mera contemplación de los rayos eleva nuestra vibración. En el capítulo cinco se mencionan los rayos en el orden tradicional, con el fin de que podamos trabajar con todos ellos, de uno en uno, durante un período de doce meses. Los nombres que aparecen junto a los rayos pertenecen a Maestros Ascendidos, seres altamente evolucionados que no podemos ver los humanos pero que de todos modos nos ayudan aquí. La información ofrecida puede actuar como un trampolín para futuras lecturas, si estás interesado en ello.

Nombres de la luna llena

Si te apetece seguir la trayectoria de las lunas llenas en el cielo, a continuación encontrarás una lista de sus nombres tradicionales, que corresponden a los meses del calendario o a las estaciones del año. Estos nombres se registraron por primera vez en el Calendario del Pastor en el año 1508 (puedes saber dónde se encuentran las lunas llenas visitando www.moonology.com).

Estos nombres proceden originalmente de Inglaterra: migraron a Estados Unidos con los primeros colonos y peregrinos, y de acuerdo con el *Grimorio para el mago aprendiz** de Oberon Zell-Ravenheart, llegaron a combinarse con los nombres tradicionales que los nativos americanos daban a las lunas llenas mensuales.

---

* N. de la T.: Un grimorio es un tipo de libro de conocimiento mágico europeo, (la mayoría están datados entre el siglo XIII y el siglo XVIII). Recogen datos astrológicos, listas de ángeles y demonios, e instrucciones para aquelarres, remedios, invocar entidades sobrenaturales y fabricar talismanes.

Nota: estos nombres no son astrológicos pero hay algo encantador en ellos, aun cuando las razones que los sustentan son bastante prosaicas.

NOMBRES DE LA LUNA LLENA: HEMISFERIO NORTE		
Enero	La luna después de Yule,* luna del lobo, luna del zorro.	Este es el mes en el que los lobos (o los zorros) aúllan; y, sí, es la primera luna llena después de Navidad.
Febrero	luna de nieve, luna de hambre.	La luna de nieve se llama así porque febrero es el mes en el que más nieva en el Reino Unido; y el nombre de la luna de hambre se debe a que las duras condiciones climatológicas dificultan la caza.
Marzo	luna de la lombriz, luna del cuervo.	A medida que la nieve se derrite reaparecen las lombrices y los cuervos comienzan a graznar otra vez.
Abril	luna rosa, luna de brotes de hierba.	El nombre de luna rosa procede de un campo de flox musgoso silvestre de color rosado que florece en abril. El nombre de luna de brotes de hierba también simboliza la primavera.
Mayo	luna de las flores, luna de la siembra del maíz.	Mayo es el momento del esplendor de las flores; además era el mes en el que se plantaba el maíz.
Junio	luna de las rosas, luna de las flores, luna de las fresas.	Las fresas están maduras y listas para cosechar; las rosas y las flores continúan en flor.

---

* Las *fiestas de Yule* (del nórdico antiguo 'Júl') se celebran cada solsticio de invierno. Es esta una celebración de los pueblos nórdicos, relacionada con la mitología germana y el paganismo nórdico.

NOMBRES DE LA LUNA LLENA: HEMISFERIO NORTE		
Julio	luna del trueno, luna del ciervo.	Las frecuentes tormentas eléctricas de Nueva Inglaterra le dieron el nombre a esta luna, que también es conocida como la luna del ciervo porque los machos jóvenes comienzan a desarrollar su cornamenta.
Agosto	luna del esturión.	Así llamada debido al mayor número de esturiones presentes en este período del año.
Septiembre	luna de la cosecha.	Debe su nombre a que tiene lugar muy cerca del equinoccio de otoño.
Octubre	luna del cazador.	Este era el mes para salir de caza, en preparación para la llegada del invierno.
Noviembre	luna helada o luna del castor.	Es el último mes para poner trampas para los castores y en el que empiezan las heladas.
Diciembre	luna anterior a Yule, o luna fría.	La luna anterior a la Navidad, cuando la temperatura empieza verdaderamente a descender.

Esta lista es aplicable a las estaciones y el clima del Reino Unido, Estados Unidos y otros países de esas latitudes, pero no lo es para Australia, Nueva Zelanda y el resto del mundo que se encuentra en el hemisferio sur. De manera que a continuación incluyo una lista alternativa basada en algunas ideas que encontré en Internet, incluyendo www.tinyurl.com/z99hfm3, y algunos nombres creados por mí misma.

NOMBRES DE LA LUNA LLENA: HEMISFERIO SUR	
Enero	Luna de verano
Febrero	Luna caliente
Marzo	Luna más fría
Abril	Luna de lluvia
Mayo	Luna fresca
Junio	Media luna
Julio	Luna de nieve
Agosto	Luna de viento
Septiembre	Luna de bendiciones
Octubre	Luna del canguro*
Noviembre	Luna que corre
Diciembre	Luna de fin de año

Y finalmente una versión que funciona para los dos hemisferios (fuente: www.earthsky.org).

NOMBRES DE LA LUNA LLENA: HEMISFERIOS NORTE Y SUR	
Después del solsticio de invierno.	Luna vieja o luna posterior a Yule.
	Luna de nieve, luna de hambre o luna del lobo.
	Luna de savia, luna del cuervo o luna de cuaresma.

---

* 'Roo en el original. Forma abreviada de Kangaroo (canguro), animal emblemático de Australia, lugar de residencia de la autora durante muchos años.

NOMBRES DE LA LUNA LLENA: HEMISFERIOS NORTE Y SUR	
Después del equinoccio de primavera.	Luna de hierba o luna de huevo.
	Luna de la siembra o luna de leche.
	Luna de las rosas, luna de las flores o luna de las fresas.
Después del solsticio de verano.	Luna del trueno o luna de heno.
	Luna del maíz verde o luna de los cereales.
	Luna de la fruta o luna de la cosecha.
Después del equinoccio de otoño.	Luna de la cosecha o luna del cazador.
	Luna del cazador, luna helada o luna del castor.
	Luna anterior a Yule o luna de la noche larga.

Cuartos de luna: lunas crecientes y lunas menguantes

La luna nueva y la luna llena atrapan toda la atención, pero los cuartos de luna también son interesantes. Cada mes hay dos cuartos de luna: la luna creciente, que tiene lugar entre la luna nueva y la luna llena, y la luna menguante, que se produce en la semana que hay entre la luna llena y la luna nueva.

Los cuartos de luna se crean cuando la luna está en un ángulo de 90° en relación con el sol (lo que también se conoce como cuadratura). Los cuartos de luna son provocadores. Algunas veces generan una minicrisis que, a su vez, nos impulsa a la acción. La parte desagradable de los cuartos de luna es que sacan a la luz asuntos que requieren nuestra atención. La parte positiva es que sacan a la luz asuntos que requieren nuestra atención. ¿Lo captas?

Su influencia habitualmente es bastante fugaz; aun así pueden darle un toque de «sabor» a la semana, y a lo largo de ella te sentirás mejor o peor dependiendo del tipo de acción que tenga lugar en el cielo y en tu carta astrológica al mismo tiempo. Intenta no preocuparte demasiado por lo que lees. La respuesta en cada caso es afrontar cualquier circunstancia que se produzca.

▶ **Luna menguante en la primera casa/Aries**: si alguien se interpone en el camino de tu éxito, afronta la situación sin que te desborden las emociones.

▶ **Luna creciente en la primera casa/Aries**: si en tu vida privada tienes problemas, en este momento podrías solucionarlos de una vez por todas.

▶ **Luna menguante en la segunda casa/Tauro**: si tienes algún conflicto con el dinero (especialmente relacionado con un amigo), la respuesta es una autoestima positiva.

▶ **Luna creciente en la segunda casa/Tauro**: es tiempo de abandonar las preocupaciones por tu economía y decidirte a disfrutar más de tu vida.

▶ **Luna menguante en la tercera casa/Géminis**: si durante esta semana alguien se dirige a ti de mala manera, bendícelo. Es recomendable hablar contigo mismo en términos positivos.

▶ **Luna creciente en la tercera casa/Géminis**: hoy es un buen día para discutir y solucionar un problema de trabajo. Cuida tu salud.

▶ **Luna menguante en la cuarta casa/Cáncer**: si alguien (especialmente una persona muy cercana) intenta desmoralizarte, sé fuerte y cree en ti.

▶ **Luna creciente en la cuarta casa/Cáncer**: ha llegado el tiempo de trabajar los problemas que tienes con tu pareja o tu ex, puesto que pronto serás capaz de empezar de nuevo.

▶ **Luna menguante en la quinta casa/Leo**: es un buen momento para mostrarle al Universo que puedes hacer un uso responsable de tu dinero.

▶ **Luna creciente en la quinta casa/Leo**: en un día como este, con un poco de fortuna, sentirás un ligero escalofrío por motivos justificados.

▶ **Luna menguante en la sexta casa/Virgo**: es hora de aprender cómo expresarte mejor con quienes te relacionas cotidianamente. Te esperan lecciones.

▶ **Luna creciente en la sexta casa/Virgo**: las obligaciones que tienes esta semana podrían interponerse en lo que realmente te apetece hacer... ¡Lamento decirlo!

▶ **Luna menguante en la séptima casa/Libra**: esta es una semana maravillosa para afrontar cualquier conflicto hogareño y asociado a tu vida privada, en particular si se refiere a tu pareja o tu ex.

▶ **Luna creciente en la séptima casa/Libra**: si todavía tienes que llegar a encontrar el equilibrio con tu pareja, en un nivel personal o profesional, esfuérzate todo lo que puedas esta semana.

▶ **Luna menguante en la octava casa/Escorpio**: si tienes algún problema de liquidez vinculado con un hijo, la pareja o un proyecto creativo, ha llegado el momento de ocuparse de él.

▶ **Luna creciente en la octava casa/Escorpio**: si tienes algún conflicto con alguno de tus amigos que esté asociado al dinero o al sexo, debes resolverlo.

▶ **Luna menguante en la novena casa/Sagitario**: tienes grandes ideas, pero necesitarás trabajar mucho para materializarlas.

▶ **Luna creciente en la novena casa/Sagitario**: reflexionar en qué punto de tu vida te encuentras podría suscitar algunos miedos, pero lo mejor que puedes hacer es afrontarlos.

▶ **Luna menguante en la décima casa/Capricornio**: si has discutido con alguien en casa o en el trabajo, este es el momento de resolver la situación. ¡Muéstrate amable y simpático!

▶ **Luna creciente en la décima casa/Capricornio**: quieres brillar, pero molestos e inoportunos problemas laborales podrían ser la arenilla dentro de la ostra en la cual se crea la perla.

▶ **Luna menguante en la undécima casa/Acuario**: es una buena ocasión para comprobar si puedes relajarte y dejar atrás los problemas que tienes con el sexo o con el dinero, o con ambos.

▶ **Luna creciente en la undécima casa/Acuario:** tus deseos relacionados con la liquidez tienen más probabilidades de hacerse realidad si aumentas tu autoestima.

▶ **Luna menguante en la duodécima casa/Piscis:** cuanto más capaz seas de ver la perspectiva general de las situaciones, antes ahuyentarás tus miedos persistentes.

▶ **Luna creciente en la duodécima casa/Piscis:** la mejor manera de deshacerte de tus miedos y tus dudas esta semana podría ser hablar de ellos con alguien.

Bibliografía

Banzhaf, Hajo y Haebler, Anna, *Las Llaves de la astrología* (Ed. Edaf, 1998).

Boehrer, K. T., *Declination: The Other Dimension* (Fortunate Press, 1994).

Cooper, Diana, *A Little Light on the Spiritual Laws* (Findhorn Press, 2007).

Cunningham, Donna, *Moon Signs: The Key to Your Inner Life* (Ballantine Books, 1993).

Graham, L., *The Ascended Masters* (AuthorHouse, 2005).

Hoffman, Jennifer, *Ascending Into Miracles* (Feed your Muse Press, 2011).

Mason, Sophia, *Forecasting with the New, Full and Quarter Moons* (American Federation of Astrologers, 2013).

Melchizedek, Drunvalo, *El secreto ancestral de la flor de la vida*, v. 1 (Arkano Books, 2013).

Milanovich, Norma J. y McCune, Shirley, *The Light Shall Set You Free* (Athena Publishing, 1996).

Myss, Caroline, *Anatomía del Espíritu* (Ediciones B, 2019).

Purna, Svami, *Así conocerás la verdad* (Purna Elements, 2014).

Rogers-Gallagher, Kim, *Astrology For The Light Side of the Future* (ACS Publications Inc., 1998).

Rudhyar, Dane, *El ciclo de las lunaciones* (Ed. Sirio, 1987).

Sri Sakthi Amma, *Connect with the Divine* (Om Sakti Narayani Siddar Pedam Charitable Trust, 2011).

Virtue, Doreen y Boland Yasmin, *Ángeles y astrología 101* (Tomo, 2015).

Virtue, Doreen, *Arcángeles y maestros ascendidos* (Ed. Obelisco, 2005).

_____*Magia divina: los siete secretos sagrados de la manifestación* (Arkano Books, 2016).

Worwood, Valerie Ann, *The Fragrant Mind* (Bantam, 1997).

Yogananda, Paramahamsa, *Autobiografía de un yogui* (Edición original, Yogoda Satsanga Society of India, 2013; edición en español, Ananda Ediciones).

Recursos

Música

A continuación encontrarás una breve lista de algunos temas musicales muy recomendables para los buscadores espirituales. Puedes descargarlos y escucharlos mientras estás definiendo tus deseos de luna nueva o haciendo tus ceremonias de perdón y gratitud durante la luna llena, ¡o en cualquier momento que te apetezca!

Kirtan Alive! Edo and Jo – www.edoandjo.com/shop
Mark Watson – conoce toda su música en www.angelearth music.com
Deva Premal y Miten – www.devapremalmiten.com
Nirinjan Kaur – www.facebook.com/nirinjankaur
Gurunam Singh – www.gurunamsingh.com
Mirabai Ceiba – www.mirabaiceiba.com

Páginas web

www.moonology.com
Visita mi página web para saber en qué signo se encuentra la luna, la fecha de la siguiente luna nueva, el mensaje de la luna diaria y mucho más.

www.timeanddate.com/moon/phases
Un recurso maravilloso para conocer las fechas de la luna nueva, los cuartos de luna y la luna llena.

Autorizaciones

La ceremonia del perdón (página 173) y la fórmula para liberarte del karma de la luna llena (página 174) fueron inspiradas por el trabajo de Catherine Ponder y el fallecido Charles Fillmore, y reeditadas con la amable autorización de Catherine Ponder.

Mi agradecimiento especial a Doreen Virtue por autorizarme cordialmente a utilizar material del libro que hemos escrito juntas, *Astrología y ángeles 101* (Tomo, 2014).*

---

* Edición original: *Angel Astrology 101* (Hay House, 2014).

Sobre la autora

Yasmin Boland comenzó su carrera como periodista *freelance* con una gran pasión por la escritura y la astrología. Debido a diversos giros cósmicos de los acontecimientos, sus dos pasiones se convirtieron en su profesión, y ahora es una de las escritoras sobre astrología que más lectores tienen en todo el mundo.

A Yasmin le apasiona todo lo concerniente a la astrología pero tiene un interés especial por la luna, y en particular por la luna nueva y la luna llena. En su página web, www.moonology.com, puedes leer los mensajes de la luna diaria, además de sus horóscopos semanales, mensuales y anuales. Asimismo tiene una floreciente comunidad en Facebook. Entre los libros escritos previamente por Yasmin se encuentran *Cosmic Love* [Amor cósmico] y *Astrología y ángeles 101* (escrito en colaboración con Doreen Virtue).

Yasmin nació en Alemania, se crio en Tasmania y ha vivido en Australia, Francia e Inglaterra. Comenzó a manifestar sus deseos de luna nueva hace prácticamente dos décadas, y desde entonces no ha dejado de hacerlo.